DAILY 法学選書

デイリー法学選書編修委員会［編］

ネット時代の基礎知識！

著作権法のしくみ

CHOSAKUKENHOU

三省堂

はじめに

　1990年代後半からのインターネットやパソコンの普及は、人々の生活を大きく変えました。著作権に関係する部分では、ホームページを活用することで、自らの意見やアイデアなどを世界中に向けて発信できるようになりました。さらに、2010年代に入ると、スマートフォンに代表される携帯端末やその通信環境が急速に発展し、いつでも、どこでも、簡単に動画や写真なども発信できるようになっています。つまり、私たちは、文書、動画、画像などの「著作者」となる機会がとても多くなっているのです。その一方で、著作物のデジタル化にともない、著作物の複製などを簡単に行うことができるようになった結果、著作物の違法アップロードやダウンロードといった著作権侵害行為が深刻な社会問題となっています。このように、著作権は私たちに身近な存在となっていますから、著作権法について知っておくことは、とても重要であるといえます。

　本書では、著作権法の基本的な知識と必要な手続きを、初学者でも無理なく理解できるよう解説することを心がけました。デジタル化・ネットワーク化の進展や教育の情報化に対応した権利制限規定の整備などに関する2018年著作権法改正の内容にも対応しています。

　第1章では、著作権法の全体像と、著作権法が保障する個々の権利を取り上げています。第2章では、著作物にあたるかどうかの判断基準を、具体例をもとに解説しています。第3章では、著作物に認められる著作権の効力と著作権の帰属を解説しています。第4章では、著作権者以外の権利である著作隣接権を取り上げています。第5章では、著作権が制限される場合と、著作権侵害への対抗手段を取り上げています。第6章では、著作権登録・管理や、著作権を保護するさまざまな制度を解説しています。

　本書を広く、皆様のお役に立てていただければ幸いです。

デイリー法学選書編修委員会

Contents

はじめに

第1章　著作権の全体像

図解　著作権のしくみ	12

1　著作権法の全体像　14

2　著作物とは　16

> **Q&A** 店舗名や Web サイト名に TV 番組やゲームキャラクターの名称を無断で使用した場合、著作権侵害にあたるのでしょうか。　20

> **Q&A** 既製品の T シャツの図柄が気に入ったので、同一の図柄を使った T シャツを自分で制作しました。図柄を無断で使用した場合には、著作権侵害にあたるのでしょうか。　21

3　著作権のもつさまざまな意味　22

4　公表権、氏名表示権　26

5　同一性保持権　28

6　著作財産権の対象になる権利　32

7　複製権　34

8　頒布権、譲渡権、貸与権　36

9　二次的著作物の利用　40

10 その他の著作財産権 42

Q&A 現在、漫画喫茶を経営しており、多くの漫画を閲覧できるようにしています。著作権者に対価を支払っていないのですが、これは著作権を侵害しているのでしょうか。 46

Q&A PTA 主催の親子読書会で本の読み聞かせをすることは著作権侵害にあたらないのでしょうか。どんな場合に著作権侵害にあたるのでしょうか。 47

Q&A 購入した絵画を会社の応接室に展示しようと思うのですが、著作権侵害になるのでしょうか。また、購入した絵画をコピーしたり、譲渡したりすることも著作権者の許諾が必要でしょうか。 48

Q&A ライブ会場で撮影・録音禁止なのに撮影・録音する行為を行う観客に対して、ライブ会場から退場させることは許されるのでしょうか。 50

11 著作権に関する条約 52

Column TPP11 協定発効にともなうおもな改正 54

第2章　著作物にあたるかどうかの判断基準

1 著作物の種類 56

Q&A 編集著作物とは、どのようなものをいうのでしょうか。新聞、雑誌、チラシ、データベースなども編集著作物にあたるのでしょうか。 60

Q&A 地図に著作権はあるのでしょうか。許諾なく使えることもあると聞きましたが、それはどのような場合でしょうか。 61

Q&A 飲食店のホームページを作成する際に、似たようなものを販売している他の飲食店のホームページをマネすることは、著作権侵害となるのでしょうか。　62

Q&A 私が経営する洋服店を宣伝するため、外部業者にホームページの作成を依頼しました。完成したホームページの著作権は、私にあるのでしょうか。それとも外部業者にあるのでしょうか。　63

Q&A 友人が小説の登場人物やストーリーのアイデアを話していました。そのアイデアを使って、小説を書こうと思うのですが、著作権侵害となるのでしょうか。　64

Q&A 流行りのダンサーが踊るダンスと同じものを無許諾で踊る場合、著作権侵害となるのでしょうか。許諾を得るべきとすると、ダンサーまたは振付師のどちらの許諾が必要でしょうか。　65

2　短い文章の著作権　66

Column　著作物にあたらないもの　68

第3章　著作権の効力と帰属

1　著作権にはどのような効力があるのか　70

2　著作者の意味　76

3　職務著作　80

4　著作権者不明等の著作物　84

5　著作権の放棄　86

6　著作権の活用方法　88

Q&A 納品したイラストや写真の著作権は、発注者に移転しなければならないのでしょうか。制作者が公開などを行うことはできないのでしょうか。　　92

7 著作権の利用許諾申請手続き　　94

Column 違法ダウンロードの刑事罰化をめぐる法律問題　　96

第4章　著作隣接権

1 著作隣接権　　98

2 著作権法上の映画　　100

3 俳優やアーティストの権利　　104

4 CD やレコード制作会社の権利　　108

Q&A 他人が作曲した楽曲を無断でアレンジすることは、誰のどのような権利を侵害することになるのでしょうか。　　110

Q&A 他人の楽曲を作者に無断で演奏することは、誰のどのような権利を侵害することになるのでしょうか。チャリティや地域のお祭りなどで利用する場合はどうでしょうか。　　111

Q&A 音楽 CD にある音楽データをスマートフォンに取り込み、SNS やファイル共有システムにアップロードし、無料でダウンロード可能な状態にする行為は、著作権侵害にあたるのでしょうか。　　112

5 テレビやラジオなど放送事業者の権利　　114

Q&A 飲食店で TV 番組や BGM を流す行為は、著作権侵害にあたるのでしょうか。BGM を流す行為自体でお金をいただいているわけではないので、営利にはあたらないのではないかと思っています。　　116

6　動画投稿サイトへの投稿の著作権法上の問題点　118

> **Q&A**　著作権者に無断で違法コピーされたゲームソフト
> と知りながら購入することや、Web サイトに公
> 開されたゲームソフトのデータをダウンロードす
> ることは、著作権侵害になるのでしょうか。　120

Column　レンタルした CD をコピーしたり DVD の
コピーガードを解除したりする行為　122

第5章　著作権の制限と著作権侵害・対抗手段

1　著作権が制限される場合　124

2　教育現場における著作物の利用　128

> **Q&A**　図書館などが点訳や音訳、拡大写本などをする行
> 為は、複製権を侵害しないのでしょうか。民間団
> 体が行う場合やビジネスとして行う場合は、著作
> 権者の許諾が必要なのでしょうか。　132

> **Q&A**　図書館などで研究の参考になる文献を見つけたた
> め、コピーしたいのですが、著作権侵害となるの
> でしょうか。　133

3　著作権法が認める引用の方法　134

> **Q&A**　国や地方公共団体などの機関が公表している統
> 計や資料を雑誌などに転載するのに許諾は必要で
> しょうか。　138

> **Q&A**　まとめサイトに記載された記事の内容が、他人の
> 著作権を侵害する場合があるのでしょうか。　139

> **Q&A**　自分のホームページ上に、自分が書いた本とあわ
> せて、大好きな作家の方の作品の紹介とその作家
> の本のカバーを掲載したいのですが、著作権侵害
> にならないのでしょうか。　140

| | Q&A | 友人のメールを許諾なく自分のブログに掲載しました。これは著作権侵害にはならないのでしょうか。また、有名人が送信したファン向けの一斉メールとの間で違いはあるのでしょうか。 | 141 |

4 どんな場合に盗用となるのか 142

5 パブリシティ権 146

| Q&A | ホームページ、ブログ、SNS に他人の制作した記事や写真を無断で掲載する行為は、どこまで許されるのでしょうか。 | 148 |

| Q&A | ブログの記事やネットオークションで出品する商品や美術品を写真撮影する行為は著作権侵害にあたるのでしょうか。 | 150 |

| Q&A | 街中で友人と記念に写真を撮影したところ有名な映画のポスターが写り込んでいました。この写真をブログに掲載した場合、著作権侵害となるのでしょうか。 | 152 |

6 漫画の著作権 154

| Q&A | 商品開発の段階で漫画やアニメのキャラクターを利用することは著作権侵害にあたるのでしょうか。 | 156 |

| Q&A | 社内研修や会議で新聞や雑誌の記事を利用することは著作権侵害にあたるのでしょうか。 | 157 |

| Q&A | 塾や予備校の授業用の教材や模擬試験の問題の素材として著作物を扱う場合の法律問題について教えてください。学校などの教育機関とは扱いが違うのでしょうか。 | 158 |

7 著作権侵害行為と法的責任 160

8 著作権侵害への対抗手段 164

9　著作権侵害と刑事罰　168

> **Q&A**　インターネットを検索していて、自分が掲載した
> ブログの記事を丸ごと転載したブログの記事を発
> 見した場合、どのように対応したらよいのでしょ
> うか。　170

> **Q&A**　WEB 上で著作権侵害を発見した際、プロバイダ
> などに通報して記事や投稿の削除依頼を求める手
> 続きを教えてください。発信者情報開示請求はど
> のような場合に認められるのでしょうか。　172

10　トラブル解決の手段　174

> **書式**　著作権侵害に対する警告書サンプル　177

Column　著作権侵害をしているといわれたらどうする？　178

第6章　著作権登録と管理

1　著作権登録制度　180

2　出版権　184

3　著作権を保護するための団体　186

4　著作権保護のためのさまざまな制度　188

第1章
著作権の全体像

図解　著作権のしくみ

著作権法とはどんな法律なのか？

　著作権法は、全8章、124条までの条文により構成されている法律です。基本的には、著作物を制作した著作者や著作権者の利益保護が目的であるため、保護対象である著作物の定義や、複製権をはじめとする著作権、同一性保持権をはじめとする著作者人格権など、各種の権利内容を規定しています。また、著作権法による保護は永遠ではなく、保護期間などに関する規定が置かれています。そして、著作権者以外にも、楽曲のアーティストに代表される実演家などに対して、著作隣接権を認めています。

　一方で、著作権法による保護が、著作物の利用を過度に制限し、文化の発展の妨げにならないように、著作権の行使が制限される場合や、著作権の譲渡に関するルール、補償金や裁定制度についても規定を置いています。さらに、デジタル・ネットワーク技術の進展など、著作権を取り巻く環境はめまぐるしく変化し続けています。そのような変化の中で、著作者や著作権者の利益などを適切に保護できるように、著作権法はたびたび法改正が行われています。近時のおもな改正点は下図のとおりです。

● デジタル技術の進展に対応するためのおもな法改正

①　データを活用したサービスに関する著作物の自由な利用を認める

（例）書籍の検索サービスで著作権者の許諾なく書籍の一部を表示可能

②　ICT教育の円滑な実現に向けた著作物の利用に関する規定を整備

（例）学校などの教師が、予習・復習用の教材として、著作物を著作権者の許諾なく、ネットワークを通して生徒などに送信可能

③　保存・記録された情報（アーカイブ）の利用促進に関する規定

・デジタル方式で作成した、展示用の美術品に関する説明・紹介用資料として、著作権者の許諾なく著作物の掲載が可能になる

・国や地方公共団体などが著作権者不明などの場合の裁定制度を利用する場合、事前に補償金を供託する必要がない

【施行日】①③：2019年1月1日／②：2021年5月頃までに施行予定

● 著作権法の条文構造

第1章 総 則（1条〜9条の2）

① 通則 ② 適用範囲

第2章 著作者の権利（10条〜78条の2）

① 著作物 ② 著作者
③ 権利の内容
　　ⓐ 総則 ⓑ 著作者人格権
　　ⓒ 著作権に含まれる権利の種類
　　ⓓ 映画の著作物の著作権の帰属
　　ⓔ 著作権の制限

④ 保護期間 ⑤ 著作者人格権の一身専属性（⇨P.24）など
⑥ 著作権の譲渡・消滅 ⑦ 権利の行使
⑧ 裁定による著作物の利用 ⑨ 補償金など ⑩ 登録

第3章 出版権（79条〜88条）

第4章 著作隣接権（89条〜104条）

① 総則 ② 実演家の権利 ③ レコード製作者の権利
④ 放送事業者の権利 ⑤ 有線放送事業者の権利 ⑥ 保護期間
⑦ 実演家人格権の一身専属性など
⑧ 権利の制限・譲渡・行使など、登録

第5章 著作権等の制限による利用に係る補償金（104条の2〜104条の17）

第6章 紛争処理（105条〜111条）

第7章 権利侵害（112条〜118条）

第8章 罰 則（119条〜124条）

※第5章（著作権などの制限による利用に係る補償金）については、
2021年5月24日までに施行される改正法の表記によっています。

1 著作権法の全体像

なぜ著作権法が必要なのか

著作権とは、本や音楽などの著作物に関する著作権者などに認められる権利をいいます。著作権者には、著作権法の規定によって、さまざまな権利が認められています。とくに著作権者の許諾を得なければ、他人が著作物を複製したり、上演したりする行為などが、原則として許されないとするのが著作権の重要な意味です。つまり、特許権が特許の自由な利用を制限するのと同じように、著作権は著作物の自由な利用を制限する権利だといえます。これを排他的権利といいます。

しかし、特許が他人に利用されない（自分だけで独占的に利用する）ことによって価値を生み出すのとは異なり、著作物は他人に利用されることによって価値を生み出すという性質があります。多種多様な著作物が創作され、人々がその著作物を利用することが可能な環境が整えられることで、著作物は文化として発展していきます。

その一方で、著作権者が他人による著作物の利用に対し、何の権利も主張できないとなれば、著作物から利益を得られなくなり、新しい著作物を生み出すための意欲や資金がなくなるおそれがあります。

そこで、著作権法は、原則として、著作物を著作権者以外の他人が利用することを禁止した上で、著作物を利用するときは著作権者の許諾が必要であることにして、著作権者が著作物から正当な利益を得ることができるようなしくみを採用しています。通常は、著作権者が他人に著作物の利用を許諾する場合、利用料（ライセンス料）などの名目で、著作権者に金銭が支払われます。もっとも、著作物の利用について常に著作権者の許諾を必要とするのではなく、私的使用の範囲では著作権者の許諾を不要とするなど、著作物の自由な利用にも配慮しています。

● なぜ著作権法が必要なのか

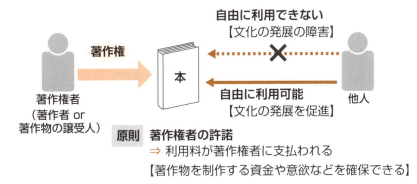

著作権法の保護対象である著作物とは何か

　著作権法による保護の対象となるのは、人の思想や感情を創作的に表現したもののうち、文芸・学術・美術・音楽の範囲に属するものです。これを著作物といいます。したがって、著作物というには「創作的に表現したもの」であることが必要であって、人の思想や感情自体は著作権法の保護対象ではない点に注意が必要です。

　たとえば、小説のアイデアを頭の中で思い浮かべただけでは、思想や感情自体にすぎないため、著作物にあたりません。そのアイデアをもとにして小説を書いた時に、思想や感情を創作的に表現したことになり、その小説が著作物として著作権法で保護されます。

著作権と著作権者の関係

　著作権は、著作物の経済的な活用法に着目した著作財産権と、著作者の人格的利益に着目した著作者人格権の2つに大きく分類されています。一般に「著作権」という場合は著作財産権をさします。著作財産権は、基本的には著作者に認められますが、著作財産権を譲り受けた者にも認められます。これら著作財産権を持つ人を著作権者といいます。しかし、著作者人格権は著作者だけに認められます。

2 著作物とは

著作物とは

　著作権法では、著作物とは、①思想や感情を、②創作的に、③表現したものであって、④文芸・学術・美術・音楽の範囲に属するものをいいます。著作物にあたるかどうかは、著作権法の保護対象になるかどうかを決定づける点でとても重要です。以下、それぞれの要件について詳しく見ていきます。

「思想や感情」とは

　思想や感情とは、著作物が人の精神活動（心の中にあるものに基づいた行為）によって作られたことを意味します。たとえば、美術家が彫刻した石は、人の精神活動によるので著作物にあたる場合があるのに対し、台風などの自然現象で削られた石は、人の精神活動によらないので著作物にはあたりません。

　また、単なる事実も著作物にはあたりません。たとえば、「東京スカイツリーは高さ634mである」との事実は、人の精神活動によらないこともありますが、事実に含まれる情報は人々に有用な内容を含みます。事実に対して著作権法の保護を与えることで、情報の利用が制限されるのは好ましくないため、著作物にはあたらないと考えます。

　事実に関わるものであっても、著作物にあたると判断される例外的な場合があります。たとえば、葛飾北斎がさまざま場所から見える富士山を描いた「富嶽三十六景」という絵画があります。この絵画は、一見すると富士山という単なる事実を描いたもので、著作物にあたらないとも考えられます。しかし、絵画に描き手独自の思想や感情が表されている場合は、著作物と判断されます。一般に「富嶽三十六景」

● 著作物として認められるための要件 ‥‥‥‥‥‥‥‥‥‥‥‥

要件	内容	問題になるケース
① 思想や感情	人の精神活動の中で作られたものであること	・自然現象 ・事実
② 創作的	著作者の個性が表れていること	・字数制限があるなどのありふれた表現（新聞記事の見出しなど）
③ 表現	外部から認識することができる形態であること	・音楽家が即興で創作したピアノ伴奏
④ 文芸・学術・美術・音楽の範囲	文化的なものであること	・応用美術 ・タイプフェイス ・建築物

には、富士山をテーマにして、葛飾北斎にしか描くことができない情景が表現されていると考えられるため、このような絵画はモチーフが事実であったとしても、著作物と認められます。

「創作的」に表現したとは

　創作的とは、著作物に著作者の個性が何らかの形で表れていることをいいます。表現方法に複数の選択肢がある状況で、著作者が任意に選んだ方法には、原則として創作性が認められます。誰もマネできないような高度なものである必要はないので、容易に創作することができるという理由で、創作性が否定されることはありません。

　むしろ「創作的」であることの意味は、誰が行っても同様の表現にならざるを得ない表現物について、著作物から除外することに意味があります。たとえば、新聞記事の見出しなどのように、字数が制限されていることから、ありふれた表現になることが避けられないものについては、原則として創作性が否定されます。

思想や感情を「表現した」とは

　著作物は「もの」である以上、人の心の中にとどまり、外から見たり聞いたりすることができない状態では、著作物にあたりません。したがって、思想や感情を「表現した」というためには、何らかの形で外部から認識することができる形態であることが必要とされます。たとえば、書籍、絵画、彫刻、音楽 CD、映画 DVD、プログラムなど、著作物はさまざまな形態をとる可能性があります。

　ただし、紙面や CD などの媒体として外部から認識することができる場合だけが著作物にあたるわけではありません。たとえば、音楽家が即興で作った楽曲を自らピアノ演奏した場合、その楽曲はピアノ演奏の形で外部から認識することができるため、著作物にあたります。

「文芸・学術・美術・音楽」に属するものとは

　著作権法では「文芸、学術、美術又は音楽の範囲に属するもの」と規定しています。しかし、どのジャンルに属しているのかを厳密に判断する必要はないと考えられています。したがって、文芸・学術・美術・音楽に属するものに限定することなく、人の知的・文化的な精神活動によって表現されたものは、広く著作物に含めます。

　知的・文化的なものといえるかどうかが問題になるものとして、応用美術が挙げられます。応用美術とは、絵画や彫刻に代表される純粋美術（鑑賞性の高い美術品）に対する概念で、実用性や有用性を純粋美術よりも高めた美術品のことをさします。たとえば、量産が予定されている製品のデザインなどがあてはまります。

　かつては美術的鑑賞に耐えることができる高い創作性がある場合に限り、応用美術が著作物にあたると考えられていました。しかし、一般に「TRIPP TRAPP 事件」と呼ばれる 2015 年の知的財産高等裁判所の判決において、著作物性が争われている応用美術を個別具体的に検討し、作者の個性が発揮されているものであれば、その応用美術に

高い創作性がなくても著作物にあたるとの判断が示されました。この判決によって、かつては著作物とは扱われなかったデザイン性のある実用品が、著作物として保護される可能性が高くなっています。

その他、字体のデザインであるタイプフェイスや、デザイン性のある設計図やその設計図に基づいた建築物なども、応用美術と同様の問題があります。タイプフェイスは、文字によって情報を伝達する機能が本来の役割であり、設計図や建築物は、人が居住するなどの機能が本来の役割であり、ともに実用性や有用性が重視されるからです。そのため、応用美術の場合と同様に、個別具体的に検討し、作者の個性が発揮されているものであれば、著作物であると認められます。

どんなものが著作物として保護されるのか

「思想や感情を創作的に表現したもの」「文芸・学術・美術・音楽の範囲に属するもの」という前述した著作物の要件は、比較的緩やかに認められる傾向があります。著作権法では、著作物として保護される対象として、言語の著作物（小説・論文・講演）、音楽の著作物、舞踊の著作物（踊り）、美術の著作物（絵画・版画・彫刻）、写真の著作物、映画の著作物などを挙げています。

しかし、著作権法は、著作物として保護される対象をこれらのものに限定する意図があるわけではなく、あくまでも著作物にあたるものを例示したにすぎません。したがって、著作権法で例示されている以外のものの中にも、著作物として認められる場合があります。

これに対し、著作物にあたらないものとして、著作権法では、憲法などの法令、国や地方公共団体が発した告示や通達、裁判所が言い渡した判決などを挙げています。これらは著作物としての外観を備えているように見えますが、広く国民に知られるべき情報であるため、著作物としての保護対象に含めないことを明示しています。

第1章 ● 著作権の全体像　　**19**

> **Q** 店舗名やWebサイト名にTV番組やゲームキャラクターの名称を無断で使用した場合、著作権侵害にあたるのでしょうか。

 名称の無断使用は、著作権侵害にはあたりませんが、商標権侵害などが問題になります。

　店舗をオープンさせたり、Webサイトを開設したりする際に、自分が好きなTV番組のタイトルや、ゲームソフトのキャラクターの名前を用いることがあります。TV番組やキャラクターの名称は、原則として著作物にはあたりません。著作物にあたるのは、あくまでTV番組やゲームソフトの中身であって、それらの名称が独立して著作物として保護の対象になることはありません。

　したがって、TV番組のタイトルや、ゲームソフトのキャラクターの名前を使用して、店舗をオープンさせたり、Webサイトを開設したりする行為は、著作権の侵害にはあたりません。ただし、ゲームソフトのキャラクターを絵にしたり、人形にしたりした製品を作る行為は、そのゲームソフトの翻案にあたるため、著作権者に無断で行うと著作権侵害（翻案権の侵害）となることに注意が必要です。

　また、とくにゲームソフトのキャラクターの名前は、商標登録されている場合があります。商品やサービスに付けられた標識について、特許庁に商標登録をすることにより認められる権利のことを商標権といいます。そのため、ゲームキャラクターの名称などが商標登録されている場合には、無断で店舗やWebサイトの名称として使用すると、商標権侵害にあたる可能性があります。

　さらに、TV番組やゲームキャラクターの名称が、広く知れ渡っている有名な表示（周知表示）であると認められれば、不正競争防止法により、無断使用行為に対して罰則が科されるおそれがあります。

> **Q** 既製品のTシャツの図柄が気に入ったので、同一の図柄を使ったTシャツを自分で制作しました。図柄を無断で使用した場合には、著作権侵害にあたるのでしょうか。

A 大量生産されたTシャツの図柄は、原則として著作権侵害ではなく、意匠権侵害にあたると考えられます。

　Tシャツの図柄は、絵画や彫刻などの純粋美術とは異なり、衣料品に描かれているという性質上、実用性や有用性を重視する応用美術にあたります。前述したように現在では、個別具体的に検討し、作者の個性が発揮されていれば、高い創作性がなくても応用美術が著作物にあたると判断されるようになっています。とはいえ、大量生産・販売されている既製品のTシャツの図柄の多くは、ありふれたデザインにとどまり、作者の個性が発揮されているとはいえません。したがって、既製品のTシャツの図柄は、著作権の保護対象に含まれず、無断でその図柄を使用しても、著作権侵害にあたるとは判断されないケースが多いといえるでしょう。

　ただし、著作物としての保護対象から除かれるとしても、意匠権侵害にあたる場合があることに注意が必要です。意匠権とは、工業用のデザインに対して認められるもので、デザインを用いた物品の製造・使用・販売などを独占的に行うことができる権利をいいます。意匠権は著作権とは異なり、特許庁に意匠登録をすることにより認められる権利です。したがって、Tシャツの図柄が意匠登録されたものにあたる場合には、意匠登録をした者に無断で図柄を使用してTシャツを制作すると、意匠権侵害にあたる可能性があります。

第1章 ● 著作権の全体像

3 著作権のもつさまざまな意味

著作者の権利の内容

　著作権法は、著作物を創作した著作者に対し、著作者人格権と著作財産権という2つの権利を保障しています。著作者人格権が著作者の人格的な側面に着目した権利であるのに対し、著作財産権は著作物の利用を第三者に許諾することをはじめ、著作物の経済的な側面に着目した権利です。このうち中心的な権利は著作財産権であり、単に「著作権」と呼ぶときは著作財産権のことをさします。

　著作者人格権と著作財産権の共通部分について、見ていきましょう。

① 無方式主義

　著作者人格権も著作財産権もともに、著作者が著作物を創作した事実によって認められる権利です。これを無方式主義といいます。著作者人格権や著作財産権は、国の機関への出願、申請、登録などの手続きを経ることなく、著作物を創作した時点で自動的に発生するのです。

　これに対し、発明に関する権利である特許権は、特許庁に登録の出願を行い、特許として登録することができなければ、これを取得することができません。特許権について登録制度を採用しているのは、発明がこれまでにない有用なものであること（新規性・進歩性）を専門的な知識のない私たちが判断するのは難しいからです。そのため、専門家が集まった特許庁に判断させることにしているのです。また、特許権を取得すると、特許権者には、独占的に特許に係る発明を利用することができるという強固な保護が与えられるため、登録制度を採用しても過度な負担とはいえないことも、理由として挙げることができます。

　しかし、著作権について登録制度を採用すると、国の機関が著作物にあたるかどうかを判断する中で、人の思想や感情の良し悪しを判断

● 著作者人格権と著作財産権

【著作者人格権】 著作者の人格（尊厳など）を保護するための権利

（例）

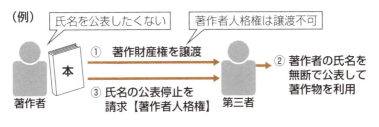

【著作財産権】 著作物の経済的な活用法に関する権利

（例）

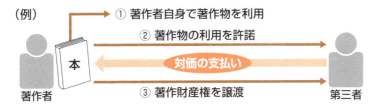

することに等しい結果を招き、憲法が禁止する検閲などの表現規制につながるおそれがあります。そのため、著作者人格権や著作財産権については、国の機関への登録をすることなく認められることにしているのです。もっとも、著作権法には「著作権登録制度」という任意登録の制度が設けられています。

② 外部に現れた表現を保護対象にしていること

著作者人格権も著作財産権もともに、思想や感情が表現されて外部から認識することができる場合に保護を与えています。つまり、頭の中にあるアイデアを保護するわけではないため、著作権侵害を検討する場合にも、表現されたものを第三者が無断で利用しているか否かが重要になります。したがって、たとえアイデアが同一であっても、表現方法が異なる場合は、著作権侵害とは認められません。著作財産権については、表現されたものをわざと盗用するのではなく、たまたま著作物と同一の表現をしたにすぎなければ、原則として著作権侵害が

否定されます。

　これに対し、特許権はその保護範囲を「明細書」という書面に明示しなければならず、「明細書」に記載された内容を無断で第三者が利用した場合は、たまたま「明細書」の記載内容を利用したとしても、原則として特許権侵害にあたります。

著作者人格権

　著作者人格権とは、著作者の人格的利益に関する権利をいいます。人格的利益とは、人の尊厳などを保護するため、個人に認められるさまざまな権利の総称です。著作権法では、著作者人格権として、公表権、氏名表示権、同一性保持権を認めています。これらを認めることで、著作者の名誉や名声などが保護されます。

　著作者人格権には、以下のような性質があります。

① 一身専属権

　著作者人格権は、著作者の個人としての尊厳などを保護することを目的とする権利ですので、原則として著作者だけに認められる権利です。これを一身専属権といいます。したがって、著作者人格権は他人に譲渡することができません。たとえば、著作者が第三者に対し著作物の全般的な利用を許諾した場合であっても、著作者が本名の公表を望んでいないにもかかわらず著作者の氏名を公表した（氏名表示権の侵害）など、第三者が著作者の人格的利益を損なう形で著作物を利用しているときは、本名を公表した形での著作物の利用を止めるように請求することが可能です。

② 死後の人格的利益の保護について

　人格権は、権利者本人の死亡によって消滅します。しかし、著作者人格権は、著作者の死亡後においても、その効力が一定期間存続するという特徴があります。具体的には、著作者の死後70年間（2018年に成立した著作権法改正と、2018年12月30日に発効したTPP11に

ともない、著作財産権の存続期間が50年から70年に延長されました）は、引き続き、著作者人格権に基づき、死亡した著作者の著作者人格権を侵害する行為が禁止されます。

著作財産権

著作財産権とは、著作権法が認めるさまざまな権利について、とくに経済的な活用法に着目した権利をいいます。著作権法では、著作財産権として、複製権、公衆送信権などを認めています。これらの個別具体的な権利を支分権ともいいます。著作財産権の存続期間は、原則として著作者の死後70年間です。

著作財産権には、以下のような性質があります。

① **排他的な著作物の利用**

著作財産権があることで、著作物を創作することにより、著作者はその著作物を利用して、経済的な利益を得ることができます。著作者は、著作物を創作する過程で、アイデアの着想から実際の創作過程に至るまで、さまざまな投資を行い、著作物を完成させています。そのため、著作者は、他者から干渉を受けることなく、執筆した小説を出版したり、創作した楽曲をホールで演奏したりして、これにより対価を得ることで、投資したお金などを回収することができます。

② **著作財産権の第三者への利用許諾・譲渡**

著作者は、著作物の利用について、第三者に対し許諾を与えることができます。たとえば、音楽家が作曲した楽曲をコンサートで演奏したい楽団が、著作者である音楽家との間で利用許諾契約を結び、その対価として楽団が音楽家に対して利用許諾料を支払うような場合です。

さらに、著作財産権は第三者に譲渡することができます。これは著作者人格権と大きく異なる点です。著作財産権を第三者に譲渡する場合、これにより著作者は著作財産権を失うことから、利用許諾の場合よりも高額な対価の支払いを受けることが可能です。

4 公表権、氏名表示権

公表権とは

　公表権とは、著作物を公表するか否か、いつ公表するのか、どのように公表するのかについて、著作者が自由に決定することができる著作者人格権のひとつです。たとえば、著作物について、その複製物を販売するか否か、それを演奏・上映するか否かについて、著作者に決定の自由が認められています。

　公表権の対象になるのは、まだ公表されていない著作物に限定されています。ここで「公表されている」とは、著作物が小説や絵画などの場合は、発行されている（書籍などの形で頒布されている）ことをさします。一方、著作物が映画や音楽などの場合は、映画館で上映されたり、コンサート会場で演奏されたりするなど、広く人々が著作物の内容に触れることができる状態をいいます。

　一方で、著作物について権限を持たない人の手によって、著作物の内容が広く知られている状態が作られた場合、その著作物は「公表されている」とはいえません。たとえば、たまたま小説の原稿を拾った人が書籍化しても、拾得者は小説について何も権限を持っていませんので、書籍化する行為は「公表されている」にはあたりません。

　ただし、著作者が、以下のいずれかの行為をしていた場合には、第三者が著作者の同意を得ないまま著作物を公表しても、著作者が公表について同意をしていたと推定されます。

・公表前の著作物の著作財産権を第三者に譲渡した場合
・未公表の美術品や写真の原作品を第三者に譲渡した場合
・映画の著作者が映画製作会社による映画の製作に参加することを約束したことで、映画製作者に映画の著作財産権が帰属する場合

● 公表権、氏名表示権

氏名表示権とは

　氏名表示権とは、著作物に氏名を表示するか否か、氏名を表示する場合に本名を用いるのか、ペンネームなどを用いるのかについて、著作者が自由に決定することができる著作者人格権のひとつです。

　たとえば、絵画や彫刻といった美術品を展示する段階で、作品紹介などに氏名を表示するか否かが問題になります。また、小説を書籍化して販売する段階でも、書籍の表紙などに氏名を表示するか否かが問題になります。この場合、著作者が氏名を明らかにせず、作者不詳の美術品や小説として展示や販売をしたいと考えているのに、その意に反して著作者の氏名を公表すると、氏名表示権の侵害にあたります。

　ただし、著作者自身が特定の氏名を著作者名として表示している著作物について、その表示に従って特定の氏名を表示する行為は、原則として氏名表示権の侵害にあたりません。著作物の氏名表示の方法を著作者にいちいち確認するのは煩雑だからです。その他にも、店舗でBGMとして楽曲をかける場合に、その楽曲について著作者の氏名の表示を省略しても、著作者を不明にする意図がない以上、氏名表示権を侵害したとはいえません。

第1章 ● 著作権の全体像　27

5 同一性保持権

どんな権利なのか

同一性保持権とは、著作物に対する改変（切除や変更など）を防ぐことができる著作者人格権のひとつです。著作者は、著作物を自らの個性が発揮されるように制作しているため、著作者の意図しない形で著作物に改変が加えられると、その著作者が制作したという、最も重要な著作物の個性が失われるおそれがあります。また、著作物に改変が加えられると、著作者の考えなどが正確に伝わらなくなり、意図しない形で著作者の社会的評価が損なわれるおそれもあります。

そこで、著作者は、自己の著作物の改変によって意図しない不利益を受けないようにするため、同一性保持権を行使することで、自己の意図に反する著作物の改変を阻止することが認められています。

同一性保持権の範囲は題号にも及ぶ

著作権法では、同一性保持権が認められる範囲について、自己の著作物とその題号であると規定しています。小説や音楽などの著作物の中身は、当然に同一性保持権の対象に含まれます。さらに、多くの著作物には題号が付けられています。小説・楽曲・絵画・彫刻のタイトルがその代表例です。題号については、それ自体は数行程度の文字で表現されているもので、著作物にはあたりません。しかし、題号は著作物の中身を短く適切に要約したものです。そのため、題号が改変されてしまうと、著作物の中身についても、著作者の意図する形で伝わらなくなるおそれがあります。そこで、題号も同一性保持権の範囲に含まれるとしているのです。

● 同一性保持権

同一性保持権 著作物に対する著作者の意図に反する改変を制限する

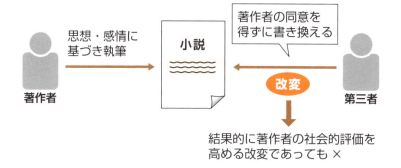

同一性保持権を侵害する改変とは

　同一性保持権を侵害する改変（著作権法では「変更、切除その他の改変」と規定されています）は、著作者の意図に反する改変をさします。ここで「著作者の意図」とは、著作者が著作物に抱いている主観が重視されることに注意しなければなりません。

　たとえば、小説家が書いた小説を書籍化して販売する際に、出版社の社員が一部分を小説家に無断で書き換えたことで、より多くの人の共感できる内容になったとします。このような変更は、小説の売上げ増加を招き、著作者の社会的評価を高める結果をもたらす場合があります。しかし、著作者の同意を得ずに変更を加えると、著作者が著作物を通じて伝えようとしたメッセージが正確に伝わらず、別のメッセージとして読者に伝わるかもしれません。そのため、たとえ社会的評価などを高める改変であっても、それが著作者の意図に反して加えたものであれば、同一性保持権の侵害となります。本質的な特徴を把握することができない程度まで著作物を改変するのは難しく、著作物を改変するときは著作者の同意を得るのが原則です。

　これに対し、著作物に加えた改変の程度が著しく、その著作物の本

質的な特徴を把握することができない程度に達している場合は、改変者によって新たな著作物が創作されたと判断され、同一性保持権の侵害は問題にならないと考えられています。

その他、美術品などの著作物を粉々に破壊する行為についても、同一性保持権の侵害の問題にはなりません（刑法が規定する器物損壊罪の成否などが別途問題になります）。

どんな場合に制限されるのか

著作権法は、同一性保持権が制限される場合について規定を置いています。つまり、著作物に対して著作者の意図に反するような改変が加えられたとしても、以下の行為については、同一性保持権の侵害にあたらないと判断されます。

① 学校教育のための改変

たとえば、国語の教科書に掲載する目的で、小説家の小説について漢字に読み仮名を付けたり、学習する学年などに応じて一部の漢字を平仮名表記に変更する場合があります。これらは、著作物に対して改変を加える行為であり、それが著作者の意図に反していれば、同一性保持権を侵害する行為だといえます。

しかし、学校教育のための読み仮名の付記や平仮名表記への変更などの改変は、著作物の個性を失わせることを目的として行われるわけではありません。これらの改変は、著作物を学校教育の題材として用いる際に、やむを得ないものとして行われることから、教育上の配慮という正当な目的が認められます。そのため、学校教育のための改変については、同一性保持権の侵害が否定されます。

② 建築物に対する増築・改築・模様替え・修繕

建築物も著作物にあたる場合があり、後から増築・改築・模様替えが行われたときは、その建築物に改変が加えられたと見ることができます。そのため、著作物である建築物を著作者の意図に反して増築・

改築・模様替えをする行為は、同一性保持権の侵害といえます。

建築物の増築・改築・模様替えは、その必要性がないのに個人的趣味などに基づいて行うと、同一性保持権の侵害にあたると判断される可能性があります。しかし、建築物は人の居住や事業のために存在するもので、実用性や機能性を備える必要があります。たとえば、高齢者のためにスロープなどを設置した形態に改築することや、新たな事業のために増築することなどが必要になる場合があります。このような増築・改築・模様替えは、著作物としての建築物の個性を失わせる目的で行われるわけではないため、同一性保持権の侵害が否定されます。

一方、建築物の修繕は、その建築物の利用者などの生命や身体の安全のため、必要性があるものとして行われるのが原則であるため、同一性保持権の侵害が否定されます。

③　プログラムのアップデートなどによる改変

コンピュータ上で動作するプログラムは、それ自体が著作物にあたります。プログラムについては、不具合の修正や機能の改善などを目的としてアップデートが行われるなど、プログラムの中身を改変する場合があります。このような行為も、著作者の意図に反していれば同一性保持権の侵害といえます。

しかし、プログラムのアップデートなどの改変は、使用者の利便性の向上を目的として行われ、これはプログラムの創作目的にも合致することから、同一性保持権の侵害が否定されます。

④　やむを得ない改変

前述①～③の他にも、著作物の性質や利用目的などを考慮して、やむを得ないと認められる改変は、同一性保持権の侵害が否定されます。たとえば、公開された映画をビデオ化するにあたり、画面サイズの違いから、画面の左右を切除するトリミング行為は、やむを得ない改変にあたると認められる場合があります。

第 1 章 ● 著作権の全体像　**31**

6 著作財産権の対象になる権利

著作財産権はどんな権利なのか

　著作物が制作されただけでは、広く人々に著作物の内容が届くことはありません。著作物の内容が世の中に広く知れ渡り、多くの人々が著作権を侵害しない範囲内において、著作物を適正に利用することによって、はじめて文化の発展が達成されます。著作権法は、著作者人格権の他、制作された著作物の利用に関わる著作財産権についても規定しています。著作権法では単に「著作権」と規定されており、通常は「著作権」というときには著作財産権のことをさします。

　著作物について、自分が書いた小説や作曲した楽曲を個人的に楽しむことだけでは、その小説や楽曲から利益を生み出せず、結果として新たな著作物が生み出されることにも限界が生じます。そこで、著作権法では、著作物の経済的な活用法に着目した権利を設定し、著作権者がその権利の行使について第三者に許諾を与えることができるとするなど、著作物から経済的な利益を得るしくみを整えています。

　このように、著作権法が規定する著作物の利用行為に関するさまざまな権利を総称して著作財産権と呼んでいます。また、著作権者が自己の創作した著作物を利用するという基本的な利用形態に対し、著作財産権に含まれる各種の権利は、多種多様で派生的な著作物の活用方法を提示するものであるため、支分権とも呼ばれます。

著作財産権は 11 種類に分けられる

　著作権法では、著作物の利用形態を限定的に列挙し、著作権法により保護される利用行為を明確化しています。具体的には、著作財産権に含まれる著作物の利用行為として 11 種類を規定しています。これ

● 著作財産権に含まれる 11 の行為（支分権）⋯⋯⋯⋯⋯⋯⋯⋯⋯⋯

対象になる 行為の類型	著作物を 複製する 行為	著作物を人々に 向けて伝達する 行為	著作物自体を 人々に向けて 提供する行為	二次的著作物の 利用などに関す る行為
支分権	① 複製権	② 上演権・演奏権 ③ 上映権 ④ 公衆送信権・ 　公衆伝達権 ⑤ 口述権 ⑥ 展示権	⑦ 頒布権 ⑧ 譲渡権 ⑨ 貸与権	⑩ 翻訳権・翻案権 ⑪ 二次的著作物 　に対する原著 　作物の権利者 　の権利

らの利用行為は、以下のように分類することができます。

・著作物を複製する行為

　他人が書いた書籍をコピーするなど、著作物を印刷、現像、録音、録画するなどの方法により、物理的に著作物を再現する行為をいいます。著作権法では、①複製権として規定されています。

・著作物を人々に向けて伝達する行為

　著作物は、その形態に応じて、人々に向けて届けるための方法が異なります。著作権法では、②上演権・演奏権、③上映権、④公衆送信権・公衆伝達権、⑤口述権、⑥展示権として規定されています。

・著作物自体を人々に向けて提供する行為

　書籍、映画 DVD、音楽 CD、美術品などの著作物を、他人に譲渡や貸与する行為をいいます。著作権法では、⑦頒布権、⑧譲渡権、⑨貸与権として規定されています。

・二次的著作物の利用などに関する行為

　原著作物をもとにして新たに創作された著作物（二次的著作物）の利用などに関する行為をいいます。著作権法では、⑩翻訳権・翻案権、⑪二次的著作物に対する原著作物の権利者の権利として規定されています。

第 1 章 ● 著作権の全体像　　33

7 複製権

著作権法における「複製」とは

　複製とは、既存の著作物を何らかの媒体（メディア）に再現する行為をいいます。著作権法では、印刷、写真、複写（コピー）、録音、録画が複製の例として示されています。たとえば、書籍を印刷して出版する行為が複製の典型例です。書籍や絵画などの形がある著作物を、印刷機を用いて印刷し、カメラで写真として撮影し、コピー機を使って複写し、目に見える形である紙媒体に再現することが複製にあたることは、比較的イメージがしやすいと思います。仮に手書きであるとしても、著作物を正確に模写している場合は複製にあたります。

　さらに、デジタルカメラやスマートフォンを用いて書籍や絵画を撮影し、それらの記録媒体に撮影したデータを保存する行為も複製にあたります。データとして保存することで、撮影したものを画面から視聴したり、プリンターに接続して複写したりすることで、撮影した書籍や絵画を再現することが可能だからです。

　その他、演劇など著作物自体が無形のものであっても、それを録音や録画する行為は、記録媒体に既存の著作物を再現する行為であるといえるため、やはり複製にあたります。

複製権はどんな権利なのか

　複製権は、著作権者に対して、著作物を独占的に複製することを認める権利です。そのため、原則として著作権者以外の人が他人の著作物を複製することはできません。したがって、小説などの著作物を書籍として大量に複製し、これを販売することによる経済的な利益が著作権者のもとに入るしくみが整えられています。

● 複製権

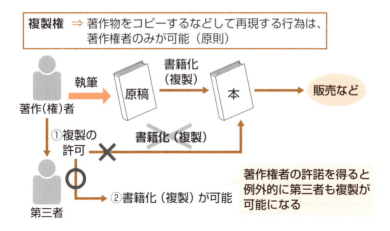

しかし、著作権者が自らの力だけで著作物を大量に複製し、これを販売することには限界があります。そのため、著作権者が出版社に対し、利用許諾料（印税）を対価として著作物の複製を許諾し、出版社を通じて大量の書籍（著作物を複製した物）を販売するという、複製権の経済的な活用法の重要性が増しています。

どんな場合に複製権の侵害が問題になるのか

著作権者の許諾を得ずに第三者が著作物を複製することは、複製権の侵害にあたります。ただし、注意しなければならないのは、著作物に対する複製権と、著作物の所有権とは別であるということです。

たとえば、ある美術品について著作権者から所有権を譲渡され、美術館が保管していたとします。美術館がその美術品の複製権の譲渡を受けていないのに、美術館が許諾を与えた上で、第三者がその美術品を撮影した本を書籍化した場合、著作権者との間では複製権の侵害にあたります。つまり、著作物の所有権とは別に、複製権が著作権者に残されたままである場合、第三者が著作物を複製するためには、原則として著作権者の許諾を得なければならないのです。

8 頒布権、譲渡権、貸与権

頒布権とは

　頒布権とは、映画の著作物や複製物に関し、著作権者が広く人々に譲渡・貸出しする権利を独占することをいいます。ここで「映画の著作物」とは、劇場公開されている映画に加え、人の視覚・聴覚に訴えかける方法で表現されており、DVDやハードディスクなどの媒体に固定（保存）されているものを広く含みます。たとえば、テレビ放送されている番組を媒体に録画したものは、映画の著作物にあたります。テレビゲームに関しても、一般にディスク媒体に固定されているため、映画の著作物にあたります。さらに、映像だけでなく、映画で使用されている音楽なども映画の著作物に含まれ、頒布権の対象になります。

　そして、「広く人々に譲渡や貸与を行う」とは、有償・無償いずれでもかまいませんが、映画をDVDなどの媒体に複製した物を、広く多数の人に売却したり、貸し出したりする行為をいいます。

　頒布権については、映画の著作物や複製物に関して、広く人々に公開する目的を持った特定の人（映画館など）に対し、譲渡・貸出しする行為も「頒布」に含むとする点で、後述する譲渡権・貸与権に比べて保護範囲が広いという特徴があります。これは、頒布権が映画配給制度を念頭に置いて規定されたという経緯があるためです。

　映画の配給会社（製作会社から上映権を譲り受けた会社）は、映画公開期間中、映画フィルムを興行会社（映画館を持っている会社）に貸し出します。興行会社は、各映画館に対し、順番に映画フィルムを渡し、各映画館で映画を公開していくというシステムをとっていました。この場合、配給会社は、映画の著作物を広く人々に譲渡・貸出しをしているわけでなく、興行会社という特定の人に譲渡・貸出しをし

● 頒布権、譲渡権、貸与権 ……………………………………………

	対象物	権利の内容
頒布権	映画の著作物・複製物	・広く人々に対して譲渡・貸出しを行う権利 ・映画の著作物を広く人々に公開する目的を持つ特定の者（映画館など）に対して、映画の著作物を譲渡・貸出しを行う権利 ※消尽の規定はない
譲渡権	映画以外の著作物・複製物	・広く人々に対して譲渡する権利 ※消尽の規定がある（譲渡権の消尽） ※中古販売業者による中古ゲームなどの販売は、譲渡権を侵害しない
貸与権	映画以外の著作物・複製物	・広く人々に対して貸し出す権利 ※消尽の規定はない ※著作物の又貸し（転貸）は貸与権の侵害

ているにすぎません。しかし、映画館が広く人々に向けて映画の著作物を公開する行為は、広く多数の人々に映画の著作物を譲渡・貸出しするのと同じような効果を生じさせるため、配給会社が譲渡・貸出しする行為も製作会社の頒布権が及ぶ対象に含めているのです。

▍譲渡権とは

　譲渡権とは、映画の著作物以外の著作物に関して、著作権者が著作物の原作品や複製物を譲渡することで、広く人々に提供する独占的な権利をいいます。著作権者は、著作物の譲渡にあたり、対価の支払いを受けることが可能です。無料で著作物や複製物を他人に譲り渡す行為も「譲渡」に含まれます。

　たとえば、小説の著作権者は、その小説を大量に印刷して複製物である書籍にした上で、広く人々に向けて、書店などで販売することができます。この場合、著作権者以外の人が、著作権者に無断で書籍を販売することは、原則として譲渡権の侵害にあたります。

第1章 ● 著作権の全体像　**37**

貸与権とは

貸与権とは、映画の著作物以外の著作物に関して、著作権者が著作物の原作品や複製物を、独占的に広く人々に貸し出すことができる権利をいいます。著作権者は、著作物や複製物の貸出しにあたり、貸出料の支払いを受けることができます。無料で著作物や複製物を貸し出す行為も「貸与」にあたります。

たとえば、音楽家が自ら創作して演奏した楽曲について、CD 化して複製物にした上で、その CD を広く人々を対象に貸し出すことができます。この場合、著作権者以外の人が、著作権者に無断で CD の貸出しを行うことは、原則として貸与権の侵害にあたります。

経済的な側面から考えると、著作権者が著作物の貸出業者（レンタル業者）に著作物や複製物を売却し、それを貸出業者が広く人々に貸出し（レンタル）を行う場合、貸出業者に著作物や複製物を譲渡する時点で、著作権者は対価を受け取ることができるため、譲渡権とは別に貸与権を認める必要性は乏しいとも考えられます。

しかし、とくに音楽 CD に関して、貸出業者が普及しているという事情があります。さらに、パソコンのハードディスクへの保存をはじめとして、複製の手段が充実している今日では、貸出業者から借り受けた CD から音源を容易に複製することができ、消費者が音楽 CD を購入する必要性は小さくなります。そのため、著作権者に譲渡権だけを認めても、著作権者が著作物から経済的利益を十分に受け取る機会を保障することができない状況があります。これでは、新たな著作物を制作する資金や意欲が生じなくなるおそれがあります。

そこで、譲渡権とは別に貸与権を規定することで、著作権者が著作物や複製物の貸与を独占的に行うことを可能とし、著作権者以外の者が著作権者の許諾を得ずに著作物や複製物の貸与を行うことが、著作権の侵害にあたると規定しているのです。

譲渡権の消尽とは

譲渡権を侵害することなく適法に譲渡された著作物や複製物を、再び譲渡する際は、著作権者の許諾を得る必要がありません。これを譲渡権の消尽と呼んでいます。

著作物や複製物の購入者が、それらを第三者へ売却する際に、著作権者の許諾を得なければならないとすると、著作物や複製物の円滑な取引の弊害になります。さらに、有償で著作物や複製物の譲渡が行われた場合、その時点で著作権者は対価の支払いを受けています。それなのに、購入者が譲渡を行う際にも著作権者に対価を支払わなければならないとすると、著作権者が著作物や複製物の譲渡に関して二重の利益を手にすることができます。これでは著作権者を不当に手厚く保護しすぎているため、著作権法では、著作権者が著作物や複製物を譲渡した時点で、譲渡権による利益を使い果たした（消尽）ものと考え、それ以降の著作物や複製物の譲渡は、譲渡権の侵害にあたらないと規定しているのです。

譲渡権の消尽が認められることで、譲渡権を侵害することなく、中古販売業者は、適法に買い取った中古 CD や中古書籍などを販売することが可能になっています。

これに対し、譲渡権とは異なり、映画の著作物に関する頒布権については、消尽を認める規定がありません。そのため、映画の著作物や複製物を適法に買い取った後、著作権者の許諾を得ずに、それを第三者に販売することは、頒布権の侵害であるとも考えられます。

最高裁判所の判決は、映画の著作物である中古のゲームソフト（⇨ P.120）について、譲渡権の消尽と同じように扱うことを認め、中古販売業者による中古ゲームソフトの買取り・販売が頒布権の侵害にあたらないと判断しています。中古の映画 DVD なども中古販売業者が取り扱っているのは、この判断に基づいているといえます。

9 二次的著作物の利用

どんなものがあるのか

　ある著作物をもとに、別の著作物が制作される場合があります。この場合、制作される別の著作物を二次的著作物といい、二次的著作物のもとになった著作物を原著作物といいます。たとえば、執筆した小説を映画化する場合などが挙げられます。いったん制作した著作物に、新たな価値を加えて別の著作物を制作することは、原著作物の土台を利用する行為です。したがって、二次的著作物を制作する独占的な権利が原著作物の著作権者に対して認められています。

　また、制作された二次的著作物について、原著作物の著作権者とは別に著作権が認められる人もいます。たとえば、小説を映画化した場合には、映画監督または映画会社に、その映画に対する著作権が認められます。そこで、著作権法では、原著作物の著作権者に対し、二次的著作物の著作権者に認められる権利について規定しています。

翻訳権と翻案権

　翻訳権とは、著作権者が、小説や論文などの著作物について、他の言語に変換する独占的な権利をいいます。たとえば、日本語で書かれた小説を、英語に変換して二次的著作物を制作する場合が挙げられます。したがって、著作権者の許諾を得ずに、第三者が著作物の翻訳を行うことは、原則として翻訳権の侵害にあたります。

　著作権法は、翻訳以外にも、著作権者に対し、著作物の編曲・変形・脚色・映画化などをして、二次的著作物を制作する権利を独占することを認めています。これを翻案権といいます。編曲とは、元の楽曲にギターやドラムなどの伴奏をつけることや、他のジャンルに変え

● **二次的著作物の利用**

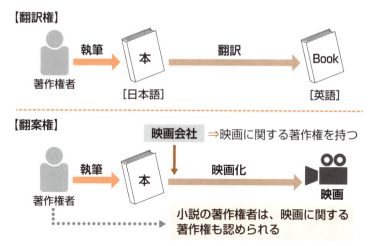

ることなどをさします。変形とは、絵画の著作物に描かれた内容をもとにして彫刻を制作する場合などをさします。脚色とは、小説の内容をもとにして、テレビドラマ用の脚本を制作することで、小説を映像化した場合が映画化にあたります。その他、小説を要約したり、古文を現代語訳したりする行為など、編曲・変形・脚色・映画化と同様に、原著作物をもとに二次的著作物を制作する行為は翻案にあたります。

そして、著作権者の許諾を得ずに、第三者が原著作物をもとに二次的著作物を制作することは、原則として翻案権の侵害にあたります。

利用には制限があるのか

原著作物の著作権者には、二次的著作物の利用について、二次的著作物に関する著作権者と同一の権利が認められています。たとえば、小説が映画化された場合、映画の著作権者は監督または映画会社ですが、原著作物である小説の著作権者にも、映画について頒布権などの著作財産権が認められます。そのため、第三者が映画フィルムを小説の著作権者に無断で譲渡すると、頒布権の侵害が認められます。

10 その他の著作財産権

上演権、演奏権

　上演権とは、広く人々に著作物を見せ、または聞かせる目的で、演奏以外の方法で演じる権利を独占することをいいます。たとえば、劇場に観客を集めて演劇をする場合が挙げられます。人が劇場などで直接演じる場合だけでなく、録画された演劇を再生する方法によって見せる場合も「上演」にあたる点に注意が必要です。また、落語の寄席なども上演にあたります。

　これに対し、演奏権とは、広く人々に見せ、または聞かせる目的で、音楽の著作物を演じる独占的な権利をいいます。演奏には楽器を用いた演奏の他に、人が歌唱することも含まれます。上演権の場合と同様に、ホールなどで直接演奏する場合だけでなく、録音された演奏や歌唱を再生する方法で聞かせる場合も「演奏」に含まれます。

　したがって、著作権者の許諾を得ずに、上演や演奏をすることは、原則として上演権や演奏権の侵害にあたります。しかし、上演や演奏は「公衆に直接見せ又は聞かせることを目的として」（これを「公に」といいます）演じる場合のみが含まれます。たとえば、他人に見せることなく、個人的に演劇したり楽器を演奏したりする行為は、上演権や演奏権の侵害にあたりません。さらに、上演や演奏が無料で、営利目的ではなく、上演者や演奏者に報酬が支払われない場合は、著作権者の許諾を得ていなくても、上演権・演奏権の侵害になりません。

上映権

　上映権とは、著作物を広く人々に向けて映写する独占的な権利をいいます。たとえば、著作物を映画館のスクリーンに映写する行為が典

● ここまで取り上げていない著作財産権 ………………………

	具体例	例外的に侵害にあたらない場合
上演権	演劇をする、落語の寄席	・公に上演や演奏をしない場合
演奏権	楽器の演奏、歌唱	・非営利目的で無料・無報酬の場合
上映権	動画をスクリーンに映す	・非営利目的で無料・無報酬の場合
公衆送信権	放送、有線放送、自動公衆送信	・原則通り（著作権者の同意を得た場合）
公衆伝達権	スポーツ中継番組を巨大スクリーンに映写する場合	・家庭用の受信装置（家庭用テレビなど）を使用する場合
口述権	朗読	・原則通り（著作権者の許諾を得た場合）
展示権	美術品・写真の公開	・所有権者の同意（常に屋外に展示する場合を除く）

型例です。映写される著作物は、映画などの動画に限らず、映画の中で使用される音楽や静止画（写真など）も対象に含まれます。著作権者の許諾を得ずに、第三者が著作物を映写することは、原則として上映権の侵害にあたります。しかし、上演権・演奏権と同様に、第三者に営利目的がなく、無料・無報酬によって行う映写については、上映権の侵害にあたりません。

■ 公衆送信権・公衆伝達権

公衆送信権とは、著作物について、公衆送信をする権利を独占することをいいます。これに対し、公衆伝達権とは、公衆送信される著作物について、受信装置を用いて広く人々に伝える独占的な権利をいいます。たとえば、TVチューナーで受信したテレビのスポーツ中継番組を、巨大スクリーンに映し出す場合があてはまります。

「公衆送信」とは、広く人々が直接受信することを目的に、無線通信または有線電気通信の送信をすることをさします。具体的には、以

第1章 ● 著作権の全体像　43

下のものが公衆送信に含まれます。公衆送信（自動公衆送信の場合は送信可能化を含みます）や公衆伝達を著作権者の許諾を得ずに行うと、原則として公衆送信権や公衆伝達権の侵害となります。

・放送

　著作物が、広く人々によって、同一内容の送信が同時に受信されることを目的に、無線通信（電波）を利用して行われる公衆送信をいいます。テレビ放送やラジオ放送がその典型例です。

・有線放送

　著作物が、広く人々によって、同一内容の送信が同時に受信されることを目的に、有線通信（ケーブル）を利用して行われる公衆送信をいいます。ケーブルテレビ（CATV）がその典型例です。

・自動公衆送信

　著作物について、同一の内容の送信が人々に対して同時に受信されることを目的とせず、人々の求めに応じて自動的に公衆送信が行われることをいいます。たとえば、ある漫画を閲覧することができるWebサイトへのリンクをクリックすることで、その漫画を閲覧することが可能になると、自動公衆送信が行われたと認められます。

　写真や音楽などのコンテンツを人々が受信するための準備行為も「自動公衆送信」に含まれます。これを送信可能化といいます。たとえば、インターネット上に写真や音楽などのコンテンツをアップロードする行為があてはまります。

公衆送信権や公衆伝達権と上映権との区別

　公衆送信権や公衆伝達権は、上映権との区別が重要です。通信機器を用いて著作物を送信する行為や、受信した公衆送信をスクリーンに映し出す行為は、上映ではなく公衆送信や公衆伝達にあたります。

　上映権については、非営利・無料・無報酬の場合に、上映権の侵害が否定されます。公衆伝達権については、この非営利・無料・無報酬

の場合に加え、公衆送信された放送中の番組を家庭用の受信装置（家庭用テレビなど）を用いて映し出していれば、営利目的・有料の場合であっても公衆伝達権の侵害が否定されます。飲食店や病院などにテレビを置くことができるのは、この例外があるからです。なお、録画した番組を映し出すのは「上映」にあたるため、この例外を適用することができず、上映権の侵害の問題となることに注意を要します。

　これに対し、公衆送信権については、営利目的の有無や料金・報酬の有無にかかわらず、著作権者の許諾を得ずに公衆送信を行うと、公衆送信権の侵害が認められます。

口述権

　口述権とは、言語の著作物を広く人々に向けて口頭で伝える独占的な権利をいいます。たとえば、著作（権）者が自ら執筆した小説を朗読することがあてはまります。口述権についても、その場で朗読などをする行為だけでなく、公衆送信または上映にあたる場合を除き、録音・録画しておいたものを再生する行為も「口述」に含まれます。

展示権

　展示権とは、美術の著作物または未発行の写真の著作物を、広く人々に向けて公開する独占的な権利をいいます。ただし、展示権が及ぶのは、原作品を展示する場合に限られます。たとえば、絵画であれば自分の手で描いた絵が原作品となりますが、版画であれば手刷りの場合に原作品として認められます。

　また、著作物の原作品については、著作権者と所有権者とが異なる場合があります。この場合、原作品の所有権者または所有権者の同意を得た人は、原作品を継続的に屋外で展示しない限り、著作権者の許諾を得なくても原作品の展示ができます。たとえば、美術館の館内での展示は、所有権者などの判断だけで行うことができます。

Q 現在、漫画喫茶を経営しており、多くの漫画を閲覧できるようにしています。著作権者に対価を支払っていないのですが、これは著作権を侵害しているのでしょうか。

A 現状は著作権侵害ではありませんが、今後の法改正により、著作権侵害となる可能性はあります。

　漫画喫茶における漫画の閲覧は、著作権（著作財産権）のひとつである貸与権の侵害が問題となります。貸与権とは、著作物やその複製物を貸与する独占的な権利をいいます。たとえば、音楽CDの著作権者は、それを他人に貸し出すことができます。漫画の著作権者も同様の権利を有しているため、漫画を他人に貸し出す場合は、著作権者の許諾がなければ著作権侵害となります。

　かつては書籍の貸与について例外規定がありました。著作権法において著作権者の貸与権が制定された当時、書籍については貸与権はないとする経過措置がとられていたのです。制定当時は、貸本業が多く営まれており、書籍に対して貸与権を規定すると、その業務を圧迫してしまう可能性があると考えられたからです。制定当時は書籍を容易にコピーすることができず、メディアとして書籍が重要な存在であったことから、貸本業者の存在が書籍の販売数に影響しないことも考慮されていました。

　しかし、書籍についても容易にレンタルできる貸本業者の影響で、販売数が減少することが起こり得ます。そこで、現在では、上記の経過措置が廃止されており、書籍の著作権者にも貸与権が認められています。ただし、漫画喫茶は書籍を貸与しているわけではなく、店内に設置している書籍を自由に閲覧させているだけであると扱われています。そのため、現状では著作権侵害にあたりません。

> **Q** PTA主催の親子読書会で本の読み聞かせをすることは著作権侵害にあたらないのでしょうか。どんな場合に著作権侵害にあたるのでしょうか。

> **A** 営利を目的とせず、聴衆・観衆から料金を受け取らず、口述者に報酬が支払われない場合に限り、著作権侵害にあたりません。

　読書会での本の読み聞かせは、著作権のひとつである口述権の侵害が問題となります。口述権とは、朗読その他の方法により、広く人々に向けて著作物を口頭で伝達する独占的な権利をいいます。読書会で本の読み聞かせをするのは「口述」の典型例です。そのため、著作権者の許諾がないのに、読書会で本の読み聞かせをすれば、著作権侵害となるのが原則です。

　しかし、口述権にも例外があります。著作権法では、公表された著作物について、営利目的ではなく、聴衆・観衆から料金（対価）を受け取らず、口述者に報酬を支払わない場合には、著作権者の許諾がなくても口述をすることができるという例外を規定しています。

　ここで「営利目的」には、有料の場合だけでなく、書店が人気作家による無料の朗読イベントを実施し、来客数を上げて利益を得ようとする場合も含まれます。PTA主催の親子読書会で本の読み聞かせをするのは、利益を得ることを目的としていないため、営利目的でないと判断されます。したがって、集まった親子から料金を受け取らず、かつ、読み聞かせをする人に報酬を支払わないのであれば、上記の例外が適用され、著作権者の許諾がなくても著作権侵害にあたりません。ここで「報酬」には、交通費や昼食代など実費は含まれませんが、どのような名目でも、読み聞かせの実質的な対価を支払っていれば「報酬」にあたり、上記の例外が適用されなくなります。

Q 購入した絵画を会社の応接室に展示しようと思うのですが、著作権侵害になるのでしょうか。また、購入した絵画をコピーしたり、譲渡したりすることも著作権者の許諾が必要でしょうか。

A 一定の要件を満たせば、所有権者が購入した絵画を著作権者の許諾を得ずに展示することができます。絵画の譲渡や複製も、一定の要件を満たせば可能です。

　美術の著作物について、著作権者はその原作品の展示権を持っています。しかし、美術の著作物の原作品の所有権者または所有権者の同意を得た人も、その原作品を広く人々に向けて展示することができます。たとえば、購入した絵画を会社の応接室に展示する場合、その絵画の著作権者の許諾は必要ありません。

　美術の著作物の原作品を、街路や公園など広く人々に開放されている屋外の場所や、建造物の外壁など、広く人々が見やすい屋外の場所に継続的に設置する場合は、その原作品の著作権者の許諾が必要です。たとえば、購入した絵画を玄関先に展示する場合は、絵画の著作権者の許諾が必要です。

　美術の展覧会などのため、主催者がパンフレットなどに展示作品を掲載することがあります。著作権法では、著作権者の展示権を害することなく美術の著作物を展示する者は、観覧者のためにそれをパンフレットやカタログなどに掲載することが認められています。美術の著作物の展示にともなう附随的な利用であり、著作権者の権利を害するものではないからです。パンフレットなどの他に、インターネット上で閲覧できるようにすることもできます。

　ただし、パンフレットなどに掲載するための複製や、インターネット上で閲覧するための公衆送信は、あくまで著作物の解説・紹介を目

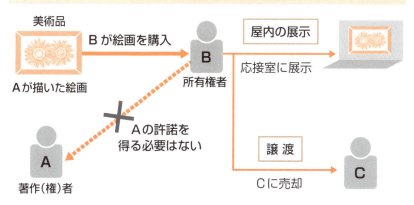

的とするものでなければなりません。パンフレットやインターネット上での閲覧それ自体が鑑賞の対象となる場合は、著作物の解説・紹介を目的としていないものと判断されるため、著作権者の許諾を得ずに行うと著作権侵害となります。

このように、美術品の所有権者は、展示に関しては、美術品の著作権者の許諾を得なくても、一定の権利を行使することができます。しかし、美術品の所有権者であっても、それを複製する場合などは、著作権者の許諾が必要です。

著作権者は、著作物について譲渡権を持っていますが、いったん適法に譲渡されると、その後の譲渡には譲渡権が及びません（譲渡権の消尽）。そのため、上述の絵画を購入した人は、著作権者の許諾を得なくても、他人に絵画を譲渡することができます。このとき、美術品の所有権者または所有権者の委託を受けた人は、美術の著作物を譲渡しようとする場合に、それを写真撮影するなどによって、複製または公衆送信をすることができます。たとえば、美術品をネットオークションで販売する場合、所有権者から委託を受けたオークションの運営者は、オークションサイトにその美術品の画像を掲載することができます。

> **Q** ライブ会場で撮影・録音禁止なのに撮影・録音する行為を行う観客に対して、ライブ会場から退場させることは許されるのでしょうか。

> **A** 著作権や著作隣接権を侵害する行為であること、または契約に定められた義務に違反することを理由に、ライブ会場から退場させることが可能です。

ライブ会場において、アーティストの演奏や歌唱などを録画・録音する行為は、チケット購入時の定めによって禁止しているのが一般的です。そのため、ライブ会場において、スマートフォンなどを使って動画を撮影している観客に対し、ライブの運営者が、その行為の停止やライブ会場からの退場を命じることがあります。

アーティストが披露する楽曲は、原則として作詞家・作曲家が著作権を持っています（アーティスト自身の場合もあります）。そのため、観客がライブ会場で録画・録音を行う行為は、原則として著作権者の複製権を侵害します。そして、録画・録音した楽曲のデータを、インターネット上のSNSなどにアップロードする行為は、原則として著作権者の公衆送信権を侵害します。

さらに、アーティストが作詞家・作曲家であるか、そうでないかに関係なく、楽曲の演奏や歌唱を行うアーティストは「実演家」にあたることから、**著作隣接権**のうちの録画権・録音権・送信可能化権などを持っています。したがって、観客がライブ会場で録画・録音をする行為は、原則として録画権・録音権の侵害にあたります。そして、録画・録音したデータを、インターネット上のSNSなどにアップロードする行為は、原則として送信可能化権の侵害にあたります。

以上の著作権や著作隣接権の侵害を理由に、観客をライブ会場から退場させることができる他、著作権や著作隣接権の侵害は犯罪行為と

されているため、警察に通報することも可能です。

　ただし、観客が行う録画や録音が私的使用目的による複製である場合は、著作権や著作隣接権の侵害にあたらないことに要注意です。私的使用目的とは、個人的にまたは家庭内などの限られた範囲内において使用することです。したがって、私的使用目的で録画・録音をしていると観客が言い張ると、運営会社側としては、著作権や著作隣接権の侵害を主張し、観客を録画・録音を停止させ、その観客の退場を命じるなどの行動をとることが難しくなります。

　以上のような事態を防ぐため、チケット購入時の契約の中に、ライブ会場での録画・録音を一切禁止する定めを設けているのが一般的です。この定めによって、観客は私的使用目的であっても、録画・録音が一切禁止されます。そして、ライブ開演に先立ち、録画・録音が禁止行為であることがアナウンスされます。この場合、観客による録画・録音行為は、チケット購入時の契約に定められた義務に違反しています（契約違反）。そのため、著作権や著作隣接権の侵害とは別に、契約違反を理由に、運営会社は、録画・録音を行った観客に対し、録画・録音の停止やライブ会場からの退場を命じることが可能になります。

11 著作権に関する条約

どんなことが決められているのか

　著作権に関する国際的な取り決めである条約のうち、日本が加盟しているおもな条約について見ていきましょう。

　まず、**文学的及び美術的著作物の保護に関するベルヌ条約（ベルヌ条約）**は、加盟国における内国民待遇の原則などを定めています。内国民待遇の原則とは、外国の著作物に対し、国内の著作物と同等の保護を与えることをいいます。具体的には、著作物が最初に発行された場所を本国として、本国での著作物の保護が外国においても保障されます。ベルヌ条約により、日本国内で最初に発行された著作物が、加盟国である外国においても日本国内と同等の保護が受けられます。

　次に、インターネットの普及をはじめ、著作物のデジタル化にともない、著作物を保護するためのさまざまな技術的保護手段が生まれています。その一方で、著作権侵害を行う者は、その技術的保護手段を回避する方法を講じています。この点について、**著作権に関する世界知的所有権機関条約（WIPO 著作権条約）**や、**実演及びレコードに関する世界知的所有権機関条約（WPPT）**は、日本を含めた加盟国に対して、技術的保護手段の回避を防ぐために、適当な法的保護や法的救済方法を定めることを義務づけています。

無方式主義と方式主義がある

　多くの国では、著作権の保護に関して、登録などの手続きを必要としません。これを**無方式主義**といいます。ベルヌ条約の加盟国は無方式主義の採用が義務づけられています。反対に、かつてのアメリカのように、著作権法の保護に関して、登録などの手続きを必要とする制

● 著作権に関する条約

条約などの名称	おもな内容
「文学的及び美術的著作物の保護に関するベルヌ条約」（ベルヌ条約）	内国民待遇の原則など ※最初に発行された本国での著作物の保護が外国においても保障される
「著作権に関する世界知的所有権機関条約」（WIPO 著作権条約）	技術的手段の回避を防ぐ、適当な法的保護・法的救済方法の義務化
「実演及びレコードに関する世界知的所有権機関条約」（WPPT）	
「万国著作権条約」	著作権表示（©）などによる保護
「TPP11 協定」 （2018 年 12 月 30 日発効）	・保護期間の延長 ・著作権侵害に関する一部犯罪の非親告罪化

度を採用している国もあります。これを**方式主義**といいます。

　方式主義の国で定められた手続きを経ずに、無方式主義の国で発行された著作物が方式主義の国で保護を受けるのは困難といえます。そこで、**万国著作権条約**に基づき、無方式主義の加盟国の著作物については、著作権表示（©）などにより、方式主義の加盟国で必要な手続きを経なくても、本国と同様の著作権の保護が保障されます。

TPP11 協定にともなう著作権法の改正

　2016 年に 12 か国の合意により署名された**環太平洋パートナーシップ協定（TPP 協定）**は、著作権に関する改正を含んでいました。たとえば、著作物の保護期間を 50 年から 70 年へと延長することや、海賊版の販売行為など、被害者が告訴をしない限り刑事訴追（公訴の提起）ができなかった著作権侵害行為（親告罪）の一部について、告訴がなくても刑事訴追を可能にする改正（非親告罪化）などが挙げられます。その後、TPP 協定から離脱したアメリカを除いた 11 か国による **TPP11 協定**が署名されました。TPP11 は 2018 年 12 月 30 日に発効し、同じ日に上記の著作権に関する改正も施行されました。

第 1 章 ● 著作権の全体像　　53

Column

TPP11 協定発効にともなうおもな改正

　TPP11 協定とは、グローバル化の進展に合わせて、地球規模の関税、各種サービス、投資の自由化、金融サービス、電子商取引、著作権などに関する国際的なルールを構築することを目的に、締約国間で取り決められた経済協定です。もともとは、12 か国での締結が予定されていましたが、アメリカの離脱を受けて、アメリカ以外の 11 か国により 2018 年 3 月に署名されました。TPP11 協定は、各締約国の国内法としての効力を認めるための国内手続きに関する準備を経て、2018 年 12 月 30 日に発効しました。日本においては、TPP11 協定にともなう関係法律の改正について、TPP11 整備法において、TPP11 協定の発効日を関係法律の改正の施行日とすると規定しました。これにより、著作権法を含めた TPP11 協定の発効にともなう関係法律の改正内容は、TPP11 協定の発効日とともに、その効力が生じています。

TPP11 協定発効にともなう著作権法のおもな改正点

① 著作物の保護期間の延長
　⇒すべての著作物の保護期間が起算点から「70 年間」に延長される

② 著作権侵害に関する犯罪の一部非親告罪化
　対価を得る目的または権利者の利益を侵害する目的で、有償で広く人々に販売されている著作物を販売目的で無断複製する行為などの非親告罪化⇒著作権者の告訴がなくても刑事訴追可能
　（例）すでに販売されている漫画や小説の「海賊版」の販売など

③ アクセスコントロール回避などに対する措置
　著作物の利用を制限する技術的手段（アクセスコントロール）を無断で回避する行為は、原則として著作権侵害行為にあたる
　（例）契約者以外は視聴できないように動画や楽曲などのデジタルコンテンツに施された暗号を解読し、そのデジタルコンテンツを契約者以外も視聴可能にする行為

　※アクセスコントロールを回避する装置の販売行為などは刑事罰の対象になる

第2章

著作物にあたるか
どうかの判断基準

1 著作物の種類

9種類の著作物が列挙されている

　著作権法では、著作物にあたるものとして、言語、音楽、美術、映画、写真などの9種類を列挙しています。ただし、9種類の著作物については、著作権法が自ら例示であることを明らかにしています。したがって、9種類以外のものであっても、著作物であると認められる余地があります。

　とはいえ、9種類の著作物については、著作物の典型例であるため、その内容を押さえておく必要があります。

言語の著作物

　言語の著作物とは、小説、脚本、論文、講演などの言語によって表現されるものをいいます。言語の著作物の特徴は、人の思想や感情が文字や口頭の言葉によって表現されている点にあります。

　ただし、文字や言葉で表現されているものであっても、「三寒四温の候」などの手紙の定型的な挨拶や、交通安全のための標語は、原則として著作物から除かれます。これらの表現はありふれたもので、著作物としての個性がなく、創作性が認められないからです。

　標語については、制作者の個性が発揮されていると評価することができれば、創作性が認められるため、著作物にあたる可能性があります。たとえば、高等裁判所の判決では、「ボク安心、ママの膝よりチャイルドシート」という標語に関して、著作物であることが認められています。この標語では、幼児の視点に主観を置き、家庭的な車内の雰囲気が効果的に描かれており、制作者の個性が十分に発揮されていると評価されました。

● おもな著作物の種類 ···

【著作物】人の思想や感情を創作的に表現した、文芸、学術、美術、音楽
の範囲に属するもの ⇒ 著作権法は9種類を例示
※ この9種類に限定する趣旨ではない

① 言語の著作物	小説、脚本、論文、講演　など
② 音楽の著作物	楽曲（楽曲に付けられている歌詞も含む場合が多い）
③ 舞踊・無言劇の著作物	日本舞踊、バレエの振付　など
④ 美術の著作物	絵画、版画、彫刻、書、生け花　など
⑤ 建築の著作物	寺院、記念塔、橋　など
⑥ 図形の著作物	地図、学術的な性質を持つ図画・図表・模型　など
⑦ 映画の著作物	劇場公開用の映画、テレビドラマ、ゲームソフト　など
⑧ 写真の著作物	フィルムや印画紙の画像、デジタルカメラで撮影した画像データ　など
⑨ プログラムの著作物	パソコンの文書作成ソフト、スマホのアプリ　など

▌音楽の著作物

　音楽の著作物とは、人の思想や感情が、メロディー、リズムなどの音によって表現されるものをいいます。楽曲が典型例ですが、歌謡曲などの楽曲に付けられている歌詞も、通常は音楽の著作物として保護されます。歌詞は、文字や口頭の言葉の形式をとっていますが、楽曲にともなって表現されるため、音楽の著作物に含めています。

▌舞踊・無言劇の著作物

　舞踊・無言劇の著作物とは、人の思想や感情が、人の動作や身振りによって表現されたものをいいます。たとえば、日本舞踊やバレエの他、ダンスの振付などもあてはまります。舞踊・無言劇の著作物に関しては、人の動作や身振りの振付自体が著作物として保護され、原則として振付をした振付師が著作権者になります。

第2章 ● 著作物にあたるかどうかの判断基準

これに対し、振付を実際に踊るのは、振付師以外のダンサーが行うことが多く、ダンサーなどの実演家の権利を、著作権者とは別に保護する必要があります。これは著作隣接権に関する問題です。

美術の著作物

美術の著作物とは、人の思想や感情が、線や色見の緩急などを用いて平面的または立体的に表現されたものをいいます。絵画、版画、彫刻、美術工芸品が例示されています。その他にも、書道家が制作した書や、華道家が制作した生け花などが、美術の著作物にあたります。

建築の著作物

建築の著作物とは、人の思想や感情が、土地の上で表現された工作物をいいます。ただし、一般の住居用建築物は、居住目的の下で実用性や機能性が重視されて建築されているため、建築の著作物にはあたらないのが原則です。オフィスビルについても、通常は制作者の創作性が認められないため、建築の著作物からは除かれます。

建築の著作物であると認められるためには、文化的精神性を感じ取ることができるような芸術性を備えた建築物であること（建築芸術であること）が必要と考えられています。たとえば、寺院や記念塔などの歴史的建築物であれば、建築芸術だと認められる場合もあります。

図形の著作物

図形の著作物とは、人の思想や感情が形状や模様などによって表現されているものをいいます。地図は図形の著作物に該当します。その他には、学術的な性質を持つ図画（絵）、図表、模型なども、図形の著作物として保護されます。

たとえば、設計図に基づいて完成した建築物は、前述したように建築の著作物として保護される場合があります。これに対し、建築物の

設計図については、それが学術的性質を持った図画であると認められれば、建築物とは独立した図形の著作物として保護されます。

映画の著作物

映画の著作物とは、人の思想や感情が、視覚・聴覚によって認識することができる動画によって表現されているものをいいます。劇場公開されている映画が典型例ですが、映像により、視覚や聴覚に働きかける効果があれば、DVDやハードディスクなどの媒体に固定されている動画も、広く映画の著作物に含まれます。たとえば、ハードディスクに保存したテレビドラマや、家庭用に撮影したビデオ映像などが、映画の著作物に含まれる場合があります。これに対し、監視カメラの映像は、機械的に撮影が行われており、人の思想や感情が入り込む余地がないため、映画の著作物とはいえません。

写真の著作物

写真の著作物とは、人の思想や感情が、視覚的に認識することができる画像によって表現されているものをいいます。たとえば、フィルムや印画紙に焼き付けた画像や、デジタルカメラで撮影した画像データなどが、写真の著作物に含まれます。ただし、写真の著作物として認められるためには、撮影者による被写体の選択、撮影対象物の配置、照明、ぼかしなどについて、撮影者の個性が発揮されていることが必要です。そのため、自動撮影の証明写真は除かれるのが原則です。

プログラムの著作物

プログラムの著作物とは、パソコンなどの電子計算機や家電製品などに対し、一定の動作をさせることを目的に、一定の指令を組み合わせて表現されたものをいいます。たとえば、パソコンの文書作成ソフトや表計算ソフトの他、スマートフォンのアプリなどがあります。

第2章 ● 著作物にあたるかどうかの判断基準　　59

> **Q** 編集著作物とは、どのようなものをいうのでしょうか。新聞、雑誌、チラシ、データベースなども編集著作物にあたるのでしょうか。

 素材の選択または配列によって創作性を有するものを編集著作物といいます。データベースは編集著作物にあたりません。

　たとえば、新聞を読んでみると、そこにはさまざまな情報が記載されています。ニュース記事の他にも、小説、エッセイ、株式市況、論文などの情報が掲載されています。これらの情報は、それ自体が著作物となるものもあれば、単なる事実に過ぎず、著作物とならないものもあります。著作権法では、これらの情報をまとめて「素材」と呼んでいます。そして、新聞は素材の使用の有無の選択と、素材の配列の選択という作業を経て発行されます。この行為を編集といい、編集を行う人を編集者といいます。新聞は編集者による編集を経て、同じ事実であっても異なる意味合いをもって広く人々に伝えることができるため、新聞は、編集者による編集を通じて、その編集者の思想や感情を創作的に表現しているといえます。

　そこで、著作権法においては、新聞のように編集を経て思想や感情を創作的に表現しているものを編集著作物として保護しています。新聞の他には、雑誌、辞書、事典、チラシなども編集著作物にあたります。しかし、データベースは編集著作物に含まれず、データベースの著作物として、編集著作物とは別に保護されます。

　編集著作物として認められるためには、編集を通じて、編集者の思想や感情が創作的に表現されたものでなければなりません。編集された素材それ自体が著作物にあたる場合には、素材である著作物の著作権と編集者の編集著作権がそれぞれ独立して存在します。

> **Q** 地図に著作権はあるのでしょうか。許諾なく使えることもあると聞きましたが、それはどのような場合でしょうか。

A 地図にも著作権はあります。Web 地図について、無許諾での複製を可能としている Web サイトがあります。

　著作物は、人の思想や感情を創作的に表現したものなので、単なる事実は著作物となりません。そして、地図は客観的に存在する地理的事象を正確に記載したもので、単なる事実を記載したにすぎず、著作物にあたらないと考えることもできます。しかし、著作権法は地図が著作物にあたると規定しています。なぜなら、地図に記載する情報の取捨選択や、記載する情報の表現方法などについて、制作者の個性が発揮されているといえるからです。

　このように、地図も著作物にあたることから、著作権者の許諾がなければ、地図をコピーして使用することができません。ただし、家族旅行をする場合に必要な部分だけコピーするなど、私的使用目的の範囲であれば、著作権者の許諾なく地図をコピーすることができます。

　近年では、地図をインターネット経由で、Web サイトやアプリを使用して見る人が多いのではないでしょうか。正確かつ早急に自らの位置や行きたい場所を検索することができる Web 地図は大変便利です。Web 地図も著作物にあたりますが、著作権者の許諾なく使用することができる場合があります。それは、Web 地図の提供者が無許諾による使用を認めている場合です。たとえば、ヤフー株式会社が提供する「Yahoo! 地図」は、そのガイドラインにおいて、ユーザーが運営する Web サイトやブログ上に「Yahoo! 地図」の各ページへのリンクを掲載する行為を、商用目的であっても無許諾で認めています。

> **Q** 飲食店のホームページを作成する際に、似たようなものを販売している他の飲食店のホームページをマネすることは、著作権侵害となるのでしょうか。

 他の飲食店のホームページが編集著作物にあたる場合は、編集著作権を侵害します。さらに、写真、画像、文章などの無断転載は、別に複製権や公衆送信権の侵害にあたります。

　飲食店のホームページには、提供する飲食物の画像や、飲食店への道順などの情報を配置しています。認知度や集客力の向上において、ホームページの公開は大きな影響力を有しています。

　ホームページは、写真、画像、文書などのさまざまなデータから構成されており、それぞれが著作物として保護される場合があります。したがって、他の飲食店のホームページに掲載された著作物にあたる写真、画像、文書などを、著作権者の許諾を得ないで、自身のホームページに転載することは、複製権や公衆送信権を侵害します。

　さらに、他の飲食店のホームページ全体が編集著作物にあたる可能性があります。ホームページは、写真、画像、文章などの選択や、その配列によっては、制作者の個性が発揮されたものとなります。このようなホームページが編集著作物として保護されます。そのため、他の飲食店のホームページが編集著作物として保護される場合は、そのホームページをマネしたホームページを無断で作成すると、編集著作権を侵害します。もっとも、飲食店のホームページのように、同じ目的の下で作成されたホームページは、ある程度の類似性が生じることが考えられます。そのため、よほど類似性が高い場合を除き、編集著作権の侵害とはならないと考えられます。

> **Q** 私が経営する洋服店を宣伝するため、外部業者にホームページの作成を依頼しました。完成したホームページの著作権は、私にあるのでしょうか。それとも外部業者にあるのでしょうか。

> **A** 完成したホームページの著作権が受託者（外部業者）にある場合を念頭に置き、注文者（私）に対し、その使用許諾を与える内容の契約を結んでおきます。

著作権は、原則として著作権者にあるため、ホームページが編集著作物にあたる場合、その著作権はホームページの制作者である外部業者にあります。つまり、ホームページの制作に際し、外部業者が文章や写真などの配列や全体の構成について個性を発揮していれば、ホームページ全体が編集著作物にあたります。

これに対し、注文者は、原則としてホームページ全体の著作権は有していません。仮にホームページの制作に際し、自ら制作した文章や写真などを提供していれば、その文章や写真などの著作権は、依然として外部業者が持ち続けます。そのため、注文者は、契約締結時に、受託者からホームページ全体の使用許諾を得ておくのが一般的です。

その他には、受託者からホームページ全体の著作権の移転を受ける方法もあります。つまり、受託者がホームページを制作し、注文者に引き渡した時点で、そのホームページの著作権が注文者に移転するという著作権譲渡契約を締結する方法です。しかし、著作権譲渡契約を締結する場合は、ホームページの管理を受託者が請け負わない内容になることが多いようです。そうすると、ホームページの修正が必要となった際に不便であるため、その点も考慮して、外部業者から使用許諾を得るにとどめるのか、それとも著作権の譲渡を受けるのか、契約内容を考える必要があるでしょう。

Q 友人が小説の登場人物やストーリーのアイデアを話していました。そのアイデアを使って、小説を書こうと思うのですが、著作権侵害となるのでしょうか。

A アイデアやノウハウは著作物でないため、それらを利用するだけであれば、著作権侵害となりません。

　著作物は、人の思想や感情を創作的に表現したものなので、創作的に表現されていないものは著作物にあたらず、著作権法の保護が及びません。とくにアイデアやノウハウは、提案された段階では、創作的に表現するに至っていません。たとえば、会話の中で小説の登場人物やストーリーを話しただけの場合は、いまだ創作的に表現したとはいえません。ノウハウについても、小説の作成方法を話したという段階では、創作的な表現がなされたとはいえません。したがって、このようなアイデアやノウハウを使用しても、著作権侵害とはなりません。

　著作権法がアイデアやノウハウを保護しないのは、アイデアやノウハウの段階では、その後に多種多様な表現が生まれる余地があるからです。たとえば、小説の登場人物やストーリーの大枠についてアイデアを出しても、実際に小説を書く人によって、さまざまな書き方が生まれる余地があります。ノウハウについても、同じ料理のレシピを参照して料理をしても、味の異なる料理が完成する余地があります。

　著作権法は創作的な表現を保護するのに対し、アイデアやノウハウ自体は保護しないのが原則です。しかし、アイデアやノウハウにとどまるのか、それとも創作的に表現されたのか、判断が困難になる場合があります。たとえば、小説の登場人物やストーリーについて、提案書という書面にして詳細に記載していた場合は、創作的な表現がされているとして、その提案書が著作物にあたる可能性があります。

> **Q** 流行りのダンサーが踊るダンスと同じものを無許諾で踊る場合、著作権侵害となるのでしょうか。許諾を得るべきとすると、ダンサーまたは振付師のどちらの許諾が必要でしょうか。

 原則として、振付師の許諾を得なければならず、無許諾で踊るのは著作権侵害となります。

　ダンサーが踊るダンスは「舞踊」にあたります。そして、ダンスが舞踊の著作物として認められるためには、人の思想や感情を創作的に表現したものでなければなりません。ダンスの場合は、おもに定型的な動きで構成されていれば、創作的な表現といえず、著作物として認められません。もっとも、流行りのダンサーが踊るダンスは、個性が発揮されたものが多いため、著作物となる可能性が高いでしょう。

　注意すべき点は、ダンスが舞踊の著作物として認められた場合、その著作権者となるのは、ダンサーではなく振付師であることです。舞踊の著作物は、その個性的な動作などに創作的な表現があるといえるため、創作した振付師に著作権が認められます。したがって、ダンスを踊るためには、振付師から許諾を得る必要があります。なお、営利目的でなく、観客から料金を徴収せず、踊る人が報酬を受け取らない場合は、振付師の許諾を得ずにダンスを踊ることができます。

　著作物であるダンスの振付を踊るダンサーは、著作権法では「実演家」にあたります。実演家には著作隣接権が認められています。しかし、ダンサーがダンスをする映像を利用する時に著作隣接権の侵害が問題となるのであって、ダンスを自分で踊る場合であれば、ダンサーの著作隣接権を侵害しません。したがって、ダンサーの許諾を得る必要はありません。

2 短い文章の著作権

キャッチフレーズやスローガンは著作物にあたるか

たとえば、企業が商品を販売する際、人々の注意をひくように工夫した宣伝文句を考えることがあります。これをキャッチフレーズまたはキャッチコピーといいます。

また、「One for all, all for one」のような短い言葉を自らの主張として掲げている団体などがあります。このように、特定の団体などの主張を簡潔に表した言葉のことをスローガンといいます。

これらキャッチフレーズやスローガンがすべて著作物にあたり、著作権法による保護が及ぶとすれば、類似の表現ができなくなってしまいます。そのため、著作物として保護されるかどうかは、思想や感情を創作的に表現しているかどうかによって判断されます。

キャッチフレーズやスローガンのような短い文章は、創作的であるかという点が問題となります。短い文章の場合、ありふれた表現となる傾向が強く、作者の個性が発揮されているとはいえない場合が多いからです。もっとも、短い文章であるキャッチフレーズやスローガンであっても、作者の個性が発揮されていると認められる場合は、著作物にあたり、著作権法による保護が及びます。

新聞記事の見出しに著作権はあるのか

新聞を読むと、その記事の標題として見出しが書かれています。この新聞記事の見出しも短い文章による表現ということができます。それだけでなく、新聞記事の見出しは、記事の内容を簡潔な表現で読者に正確に伝える性質をもっています。そのため、新聞記事の見出しの多くは、思想や感情を創作的に表現したものといえず、著作物にあた

● 短い文章の著作権

スローガン・新聞記事の見出しなど

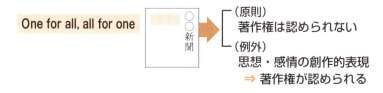

Twitter などの SNS へのツイート

るとは判断されないでしょう。

ただし、新聞記事の見出しであっても、コラムや社説の見出しについては、その書き手の個性が発揮されていることがあります。その場合は、見出しが著作物にあたると判断されます。

ツイートなどの短い文章の著作権

ツイートとは、Twitter という SNS の機能を利用して行う短文の投稿のことをいいます。ツイートは 140 文字以内（日本語の場合）で行われることから、ツイートも短い文章の表現といえます。

ツイートは、ツイートする本人が自ら考え、または感じたことを、その人独自の表現方法によって行うものであるため、原則として著作物にあたると判断されます。したがって、他人のツイートをそのまま自分のツイートとして投稿することは、複製権や公衆送信権（送信可能化権）を侵害しているといえます。

もっとも、Twitter には、他人のツイートを引用していることを明示して投稿する「リツイート」という機能があります。リツイートについては、複製権や公衆送信権の侵害にあたらないとされています。

Column

著作物にあたらないもの

　著作物として著作権法の保護を受けるためには、人の思想や感情が創作的に表現されていなければなりません。そのため、自然に存在する物は著作物にあたりません。たとえば、動物や植物それ自体が著作物にあたることはないので、「犬の写真を撮影する」などの行為自体が著作権侵害になることはありません。

　これに対し、人が作った物（人工物）は著作物にあたる場合があります。たとえば、芸術性を備えた建築物（建築芸術）は、原則として著作物にあたります。そのため、無断でその建築物の写真撮影をすることは、複製権の侵害にあたります。しかし、著作権法は著作権者の利益を保護する一方で、著作物の利用者の利益を過度に制約しないようにも配慮しています。著作物にあたる建築物を営利目的を持たずに撮影する行為や、まったく同一の建築物を建てるのではなく、その建築物のミニチュア模型を製作する行為などは、著作権の侵害にあたらないと規定されています。

　注意しなければならない点は、被写体が「犬」であっても、他人が撮影した「犬の写真」は、人が作った物であり、撮影者の思想や感情が創作的に表現されているため、著作物にあたることです。もし「犬の写真」を無断でコピーをすると、撮影者の著作権を侵害することになります。

　もっとも、写真であれば必ず著作物にあたるというわけでもありません。たとえば、自動撮影の証明写真に関しては、機械が撮影を行うため、人の思想や感情による表現が入り込む余地がなく、著作物にあたりません。自動撮影の証明写真以外にも、機械によって自動的に撮影される防犯カメラの写真などは、著作物から除かれます。

第3章
著作権の効力と帰属

1 著作権にはどのような効力があるのか

著作権の保護期間は国によって違う

著作権は、国の機関への登録などの手続きをしなくても、著作物が制作されることによって、当然に発生します（無方式主義）。著作物が文化の発展に貢献するものであるため、創作活動の支障にならないよう配慮されたものです。その一方で、著作権による保護があまりにも長く続いてしまうと、著作物の自由な利用が制限され、かえって文化の発展を阻害しかねません。そのため、著作権法では、一定の期間が経過することで、著作権が消滅する制度を採用しており、著作権が消滅するまでの一定の期間のことを保護期間と呼んでいます。

著作権の保護期間について注意しなければならないのは、ベルヌ条約における相互主義です。相互主義とは、条約加盟国の間では、加盟国の人や物に対して、本国の人や物と同様の法律上の取扱いをすることを認める考え方をいいます。この相互主義により、ベルヌ条約加盟国の間では、異なる保護期間が定められていても、それぞれの加盟国に存在する外国の著作物について、本国の著作権の保護期間を適用することが認められています。

たとえば、ベルヌ条約の加盟国である日本の著作権の保護期間は70年間です（TPP11協定が2018年12月30日に発効し、かつての50年間から70年間に延長されました）。これに対し、同じベルヌ条約の加盟国である中国の著作権の保護期間は50年間です。この場合、日本よりも短い保護期間が定められている中国国内にある日本の著作物に関しては、相互主義が適用される結果、中国における著作権の保護期間は50年間になります。その一方で、日本国内にある中国の著作物に関しては、日本における著作権の保護期間は70年間になります。

● 著作権の保護期間

著作権の保護期間
（原則）著作者の死後 70 年経過後に終了する

（例）ある小説の著作権の保護期間

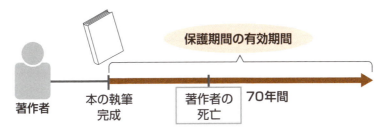

保護期間の計算方法

著作権は、原則として著作物が制作された時点で発生し、**著作者の死後 70 年間**が経過するまで存続します。著作権の譲渡により、著作者と著作権者とが異なるとしても、保護期間の計算は著作者を基準として計算します。具体的には、著作者が死亡した年の翌年の 1 月 1 日から 70 年後の 12 月 31 日の経過をもって、著作権の保護期間が終了します。著作者の死亡日を基準にすると、その日付が正確にわからない場合があり、保護期間が不安定になるおそれがあるからです。

注意すべき点は、著作者の死後 70 年間が適用されるのは、2018 年 12 月 30 日の時点で、著作権の保護期間が終了していない著作物に限定されることです。これは後述する①②の例外も同じです。

また、著作物の中には、複数の人の手による共同著作物という形態があります。共同著作物については、共同著作者のうち最後に死亡した著作者の死後 70 年間が経過するまで、保護期間が存続します。

著作権の保護期間が終了すると、それ以後は、第三者が無断で著作物を利用する行為について、その著作物の著作権者は、差止めや損害賠償を請求することができなくなります。ただし、保護期間の終了前

に行われた著作権侵害行為に対する損害賠償に限っては、保護期間の終了後であっても、これを請求することが認められます。

そして、著作権法では、いくつかの著作物について、保護期間について例外的な取扱いを規定しています。

① 無名・変名の著作物

著作物の中には、著作者が不明な場合や、変名（ペンネームなど）が使用されて著作者の特定が困難な場合があります。このような無名・変名の著作物は、著作者の死亡の事実や、その正確な死亡日を特定することができません。著作権法では、無名・変名の著作物については、著作物の公表後70年間を経過することによって、保護期間が終了すると規定しています。ただし、著作物に変名が使用されている場合、その変名が誰を示しているのかが周知されていれば、原則通り、著作者の死後70年間経過後に保護期間が終了します。

② 団体名義の著作物

著作物の著作者が、株式会社をはじめとする法人などの団体名義である場合も、無名・変名の著作物と同様に、著作物の公表後70年間が経過することによって、保護期間が終了します。

団体名義の著作物に関して、保護期間の例外が認められるのは、職務著作にあたる著作物があるためです。職務著作とは、法人などの下で働く個人が、職務に従事する過程で制作した著作物を法人などの名前で公表している場合に、その法人などが著作者になる著作物のことをいいます。法人などの団体が著作者である場合、その団体が死亡する事態は起こりません。そこで、団体が解散した場合（解散により団体は消滅します）を個人が死亡した場合と同様に考える方法もあります。しかし、一定期間内に団体が解散する保証はなく、解散時を基準にすると保護期間が永遠に終了しないおそれがあります。そのため、職務著作など団体名義の著作物に関しては、著作物の公表後70年間が経過することで、保護期間が終了することにしているのです。

ただし、団体名義で公表している著作物について、著作者を労働者個人にする取り決めをすることがあります。この場合、公表後70年間の経過前に、著作者が実名または周知の変名を著作者名として表示して著作物を公表したときは、著作者の死後70年間が著作物の保護期間になります。しかし、この規定は、著作物がプログラムである場合には適用されないため、その場合は、労働者個人がその著作者であると公表しても、保護期間は公表後70年間になります。

③　映画の著作物

　映画の著作物は、公表後70年が経過することで、保護期間が終了します。映画の著作物は監督や映画会社など関係者が多く、著作者の特定が難しい場合が多いという特徴があります。そのため、映画を著作物として保護する必要性とのバランスから、TPP11協定の発効前から、公表後70年間の保護期間が認められてきました。

　公表後70年の保護期間が適用されるのは、映画の著作物の保護期間を70年間と規定した著作権法改正が施行された2004年1月1日の時点で、著作権の保護期間が終了していない映画の著作物に限定されています。

　この点について、1953年に公表された「ローマの休日」が、かつての映画の著作物の保護期間である公表後50年間が経過する2003年12月31日の時点で、保護期間が終了しているか否かが争われた事件がありました。最高裁判所の判決では、1953年までに公表された映画に関しては、公表後70年間の保護期間が適用されず、保護期間が終了したことが認められました。したがって、2004年1月1日以降は、1953年までに公表された映画の廉価版DVDの販売などが、著作権侵害にあたらなくなりました。

　これに対し、チャールズ・チャップリン主演の「ライムライト」などの映画は、公表が1952年であるにもかかわらず、最高裁判所の判決では、公表後50年による保護期間の終了が否定されました。これ

らの映画の著作者がチャップリン個人であることが表示されていた点を重視し、チャップリンが死亡した 1977 年を基準に保護期間が計算されると判断したのです。この最高裁判所の判決によれば、映画の著作物であっても、著作者が法人などの団体ではなく個人にあることが表示されていれば、保護期間が著作者の死後 70 年間になります。

④　継続的刊行物

　上記①〜③の著作物は、著作物の「公表の時期」から保護期間の算定が始まります。しかし、新聞や雑誌などのように、定期的・継続的に刊行される形式で著作物が公表された場合、公表の時期がいつであるのかが問題になります。著作権法では、新聞や雑誌などに掲載される著作物は、原則として、冊数や巻号ごとに起算点が開始すると規定されています。連載小説などの場合は、最終巻が公表された時期が保護期間の起算点になります。

戦時加算の例外

　戦時加算とは、第 2 次世界大戦に日本が参戦した 1941 年 12 月 8 日から、各国との平和条約発効日の前日までの期間が、著作権の保護期間の算定に加えられる措置のことをいいます。連合国側の著作物の著作権が、戦時中の日本において十分に保護されていなかったという事態を克服するための規制です。

　たとえば、アメリカ、イギリス、フランス、カナダ、オーストラリアなどについては、平和条約発効日の前日が 1952 年 4 月 27 日であるため、3,794 日（約 10 年 5 か月）が保護期間に加算されます。

　そして、戦時加算の適用により、2018 年 12 月 30 日の時点で保護期間が終了していない著作物は、その保護期間について、著作者の死後 70 年間に戦時加算分が追加されることに注意を要します。

● 著作権の保護期間の例外

保護期間の例外	保護期間
① 無名・変名の著作物	著作物の公表後 70 年間を経過すると、保護期間が終了する
② 団体名義の著作物	著作物の公表後 70 年間を経過すると、保護期間が終了する ⇒ とくに職務著作の場合
③ 映画の著作物	著作物の公表後 70 年間を経過すると、保護期間が終了する
④ 継続的刊行物	著作物が新聞や雑誌など、定期的・継続的に刊行される形式で公表された場合 ⇒ 冊数や巻号ごとに起算点が開始する 　連載小説などは、最終巻が公表された時期が保護期間の起算点になる

保護期間が終了するとどうなる

　著作権の保護期間が終了した著作物は、誰もが自由に利用することが可能になります。これをパブリックドメインといいます。

　著作権者は、著作物の利用について、他人による無許諾の利用を許さないとともに、自らは誰の干渉も受けずに著作物を自由に利用することができる、という権利が保護されています。しかし、パブリックドメインであると認められた著作物は、著作権者以外の第三者が、その著作物を利用するに際し、著作権者の許諾を得る必要がなくなります。つまり、保護期間終了後の著作物は、第三者が印刷して販売する行為や、ホームページにアップロードする行為などが、自由に認められることになります。

　パブリックドメインが認められているのは、あまりにも長い期間にわたり、著作物の利用が著作権者や著作権者の許諾を得た者に限定されることによる、文化の普及を妨げる弊害を是正する点にあります。ただし、パブリックドメインが認められた後も、著作者の人格を損なうような著作物の利用方法をとることはできません。

第3章 ● 著作権の効力と帰属　75

2 著作者の意味

著作者とは

　著作者とは、著作物を創作した人をいいます。著作物は、思想や感情について、その人の個性を発揮した創作的な表現であるため、たとえば、小説であれば執筆をした人、楽曲であれば作曲をした人、ダンスであれば振付をした人が著作者にあたります。

　そのため、小説を書籍として印刷・製本し、市販可能なようにするなど、物理的な作業にのみ関与した人は、創作的な表現に一切関与していないため、著作者とはいえません。また、著作物を広く人々に公表するためには、資金などが必要ですが、その提供者も同様に著作者から除かれます。さらに、著作物の制作のきっかけになったアイデアの提供者についても、著作物の制作の着想という重要な役割を担ったとはいえますが、自らは創作的な表現を行っていないので、著作者に含めることはできません。

　著作権法では、著作物が広く人々に公開されるにあたり、著作者として表示された人を、その著作物の著作者であると推定すると規定しています。名称は、実名の他、変名（ペンネームなど）でもかまいませんが、著作者であることがわかる表示が行われている必要があります。たとえば、絵画などの美術品の場合は、作品中に「〇〇〇〇作」などと記載されている必要があります。

著作者と著作権者の違い

　著作権者とは、著作物について著作財産権（著作権）を持っている人をいいます。著作者が著作物を制作すると、その著作物に関して著作財産権と著作者人格権が発生します。そのため、著作物が製作され

● 共同著作物と結合著作物

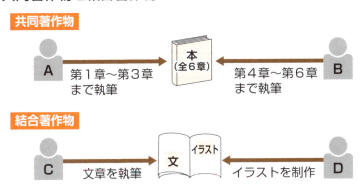

た時点では、著作者と著作権者は一致しているのが通常です。

しかし、その後に著作者と著作権者が分離する場合があります。著作財産権については、他の財産権と同様に、取引の対象として他人に譲渡することができるからです。著作財産権が譲渡されると、著作財産権が譲受人に移転し、譲受人は著作権者の地位を手に入れます。著作財産権の譲渡後は、第三者に対する著作物の複製の許諾などは、著作者ではなく著作財産権の譲受人が与えることになります。

もっとも、著作者は、著作財産権の譲渡により、著作者としての地位を失うわけではありません。著作物を創作した人は、著作者以外に存在しませんので、著作財産権を譲渡しても、著作者であることに変わりはないのです。そして、著作者は、著作財産権を譲渡した後も、依然として著作者人格権を持ち続けます。著作者人格権は譲渡できないからです。著作者人格権が侵害された場合、著作者は、侵害者に対して、侵害の差止めや損害賠償を請求することができます。

共同著作物

著作物を１人で制作した場合は、その人が著作者になります。しかし、著作物の制作にあたり、複数人が関与する場合があります。これを共同著作といい、共同著作の形式で制作された著作物のことを共同

著作物と呼んでいます。共同著作物と認められたときは、通常の著作物と異なる取扱いが行われます。たとえば、著作権（著作財産権）の保護期間について、原則は著作者の死後70年間ですが、共同著作物の場合は、共同著作者のうち最後の人の死後70年間が保護期間になります。したがって、通常の著作物よりも、共同著作物は比較的長期間にわたり保護される場合があります。

　もっとも、著作物の制作に複数名が関与していれば、常に共同著作となるわけではありません。共同著作と認められるためには、①2人以上の者による創作行為が行われること、②共同して著作物を制作したと認められること、③制作した著作物について分離して利用することができないこと、という要件をすべて満たす必要があります。

① 　2人以上の者による創作行為

　共同著作として認められるためには、2人以上の者が創作的表現に関与していなければなりません。共同著作であると認められると、著作権は、共同著作者間での共有状態になり、原則として、各種の著作権は共同で行使する必要があるからです。

　たとえば、小説の執筆について、執筆者以外に他人が著作物の制作に関与しているが、その他人が校正作業への関与にとどまる場合は、執筆者のみが著作者になります。文字や事実の誤りなどを訂正する校正作業は、創作的表現への関与とはいえないからです。

② 　共同による創作行為

　2人以上の者が、ばらばらに著作物を制作するのではなく、役割分担などを行って、共同で制作して著作物を完成させていなければなりません。たとえば、全6章から構成される1冊の書籍を、第1章から第3章までをAが執筆し、第4章から第6章までをBが分担執筆するなど、創作的表現を複数の者が共同して行う必要があります。

　共同による創作行為が認められるか否かが問題になるケースとして、著作者が死亡した書籍を、後から補訂によって第三者が加筆・修正す

る場合があります。この場合、後から加筆・修正をした人は、自らも創作的表現をしているため、単に校正作業に関与した人とは異なります。しかし、元の著作者の生前に、加筆する第三者との間で共同執筆を行うことについて合意があった場合以外は、共同著作であることが否定されます。合意があった場合以外は、元の著作者が共同著作になることを想定していないと考えられることや、未完のまま元の著作者が死亡した場合は、一般に自身の手で著作物の完成をめざしていたと考えられることから、元の著作者と第三者との共同による創作的表現の存在が認められないことが、その理由です。

③　制作した著作物を分離して利用することができない

「著作物を分離して利用することができない」とは、複数の人が関与して制作された著作物について、各々が制作した部分のみでは著作物としての利用ができないことをさします。たとえば、前述のAとBによって執筆された1冊の書籍の例では、A・Bそれぞれが執筆した部分のみでは1冊の書籍として成り立たない場合に、「著作物を分離して利用することができない」と判断されることになります。

結合著作物

結合著作物とは、複数の人が関与して、それぞれ制作した著作物について、独立して利用可能ではあるものの、一体的に利用される著作物のことをいいます。たとえば、Cが文章を担当し、Dがイラストを担当して完成させた書籍は、Dのイラストを分離しても書籍として成立していれば、共同著作にはあたりません。しかし、1冊の書籍として一体的に利用する著作物であるため、結合著作物にあたります。

つまり、共同著作の成立要件である「③制作した著作物について分離して利用することができない」という要件は、共同著作と結合著作を区別する役割を果たしています。

3 職務著作

職務著作とは

　職務著作とは、会社の従業員などが制作した著作物について、会社側が著作者になることをいい、法人著作とも呼ばれています。職務著作となる著作物は、従業員個人ではなく会社側が著作者になるため、著作権（著作財産権）だけでなく、著作者人格権についても会社側に帰属することになります。

　たとえば、新聞社の場合、従業員である個別の新聞記者が書いた新聞記事は、本来であれば、新聞記者が制作した著作物ですから、新聞記者が著作者になるはずです。しかし、新聞社には多数の新聞記者が雇われているのが通常であるため、多数の新聞記事について個別の新聞記者が著作者であることを認めると、1枚の新聞の中で、ある部分はA記者が著作者であるが、ある部分はB記者が著作者であるなど、権利関係が非常に複雑化してしまいます。

　また、個別の新聞記者は、新聞社の業務に従事する過程で、著作物としての新聞記事を制作しています。つまり、個別の新聞記者は、制作した新聞記事を自身で利用する目的で制作する場合は少ないといえます。さらに、新聞記事を制作するに際して費やした労力や費用に対する対価を得る目的も、通常は認められません。新聞記者は、業務に従事する対価として、新聞社から給料をもらっているからです。そのため、個別の新聞記者に対し、個別の新聞記事などに関する著作権を認める必要性は低いといえます。

　したがって、著作物の権利関係を単純化するためにも、個別の新聞記者が制作した著作物を、新聞社が著作者として一元的に管理するしくみの必要性は高く、職務著作の制度が認められているのです。

● 職務著作

（例）新聞記事

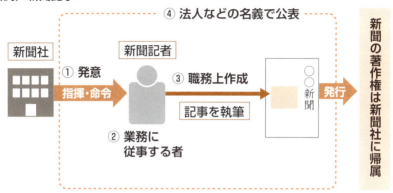

職務著作が認められる場合とは

著作権法では、職務著作の成立要件に関して、①法人などの発意に基づいて、②法人などの業務に従事する人（従業員）が、③職務上作成する著作物のうち、④法人などの著作名義の下で公表するものについて、法人などに著作権が帰属すると規定しています。以下では、それぞれの成立要件について見ていきましょう。

① 「法人などの発意に基づく」とは

まず、「法人など」には、会社などの法人だけでなく、法人でない団体、個人、国、地方公共団体なども含まれます。

次に、「発意に基づく」とは、原則として、法人などが従業員に著作物の作成を指示する場合や、従業員が法人などの許可を得て著作物を制作する場合をさします。たとえば、新聞社は、新聞を発行するために、雇っている新聞記者に対し、記事の作成を指示することができますが、この場合は、新聞社側の発意に基づいて著作物を制作したということができます。その一方で、著作物の制作にあたり、従業員側が個人的に制作した著作物は、新聞社側の発意に基づくものではないので、原則として職務著作にはあたりません。

知的財産高等裁判所の判決では、法人などの発意の有無を判断するにあたり、法人などが従業員との間で雇用契約を締結しており、従業員が労働力の提供として雇用契約で定められた業務に従事する上で、著作物を制作することが予定されている限り、法人などの発意に基づくものと認められると考えています。そのため、著作物の制作を業務内容とする雇用契約の存在が、法人などの発意の有無を判断する上で重要な基準になっています。

② 「法人などの業務に従事する人」とは

　法人などの発意の有無を判断する上で、雇用契約の存在が重要な基準になるように、法人などと従業員との間に雇用契約がある場合、その従業員は「法人などの業務に従事する人」にあたります。

　さらに、最高裁判所の判決では、雇用契約のある人が「法人などの業務に従事する人」にあたるのは明らかであるが、法人などとの間に雇用契約がなくても、法人などの指揮監督下で労務を提供し、労務提供の対価として金銭の支払いを受けている人は、雇用契約のある人と同視して「法人などの業務に従事する人」にあたると判断しています。

③ 「職務上作成された著作物」とは

　著作物を「職務上作成」するとは、法人などの従業員が、職務を遂行する上で著作物を制作することをいいます。たとえば、新聞記者が休日に趣味で小説を執筆した場合は、職務上作成されたものではないため、その小説の著作権が新聞社に帰属するわけではありません。

　著作物を制作する場所についても、法人などの建物内に限定されるわけではありません。法人などの指揮命令に基づいて著作物を制作している限り、自宅で著作物を制作する場合も「職務上作成」に含まれます。

④ 「法人などの著作名義の下で公表する」とは

　「法人などの著作名義の下で公表する」とは、著作物自体に法人などの名称を記載することをいいます。書籍の奥付に、発行者として法

人などの名称が記載されていても、法人などの著作名義で公表された
ことにはなりません。あくまで著作者として法人などの名称が記載さ
れていることが必要です。なお、未公表の著作物であっても、法人な
どの著作名義による公表が予定されているものであれば、「法人など
の著作名義の下で公表する」にあたります。

　問題になるのが、書籍の奥付に、著作者として「○○株式会社代表
取締役　甲野乙男」のように、法人などの名称が肩書として記載され
ている場合です。その他、新聞の個別の記事の後に、新聞記者の名称
が記載されている場合も、その取扱いが問題になります。

　この点は、記載されている名称が、単なる部署など法人内部での分
担を示しているだけの場合は、法人などが著作者にあたるとは認めら
れませんが、外部に対し、法人などが著作者であることを示す目的で、
法人などの名称を記載している場合は、法人などが著作者にあたると
認められると考えられています。

例外的に個人に著作権が帰属する場合がある

　職務著作にあたる場合であっても、法人などと従業員との間で、職
務上制作した著作物の著作権を法人などに帰属させず、従業員に帰属
させると取り決めることができます。この場合、著作物が職務著作の
成立要件を満たしても、従業員個人が著作者になります。なお、職務
著作の成立要件を満たさない著作物について、法人などと従業員との
間の契約で、著作者を法人などに定めることはできません。

　法人などと従業員との間の取り決めは、著作物の制作前にしておか
なければなりません。つまり、職務著作として法人などが著作者であ
ると確定した著作物について、後から法人などと従業員との間の取り
決めで、著作者を変更することはできません。確定した著作者を後か
ら変動させるのは、保護期間などについて混乱をもたらすためです。

第3章　● 著作権の効力と帰属　　83

4 著作権者不明等の著作物

著作権者が不明な場合や特定できない場合の問題点

　著作権者不明等の著作物とは、著作物の利用を希望する人が、相当の努力を尽くしても、著作権者が誰であるのか、または著作権者がどこにいるのかがわからない著作物をいいます。著作物の保護期間は長期にわたるため、とくに保護期間終了間際の著作物は、著作権者の詳細について知る人が少なくなっており、著作権者が不明確になる場合が少なくありません。また、インターネットをはじめ急速な情報化が進んだ今日においては、誰もが比較的容易に著作物を制作することができるため、無数に存在する著作権者を的確に把握することは容易ではありません。さらに、著作権（著作財産権）は財産権の一種として、取引の対象になるため、著作権が第三者に譲渡されている場合は、利用者が過去の著作権者を知ることができても、現在の著作権者と異なっていることが起こります。そのため、現在の著作権者が誰であるのかを特定することができない場合もあります。

　このように、著作物の利用を希望する人が相当な努力をしたにもかかわらず、著作権者が不明の場合や特定できない場合であっても、許諾を得ずに著作物を利用すると著作権侵害にあたります。そのため、著作物の著作権者が不明の場合や特定できない場合は、その著作物の利用が制限されるおそれがあります。

著作権者不明等の場合の裁定制度

　著作権者が不明の場合や特定できない場合であっても、文化庁の裁定制度により、著作物を利用できる可能性があります。裁定制度においては、著作権者の許諾に代わる文化庁長官の裁定を受けるとともに、

● 著作権者不明等の場合の裁定制度

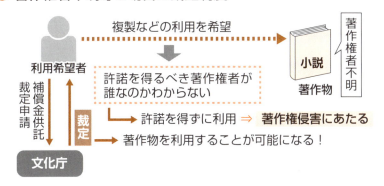

　補償金を供託することで、著作権を侵害することなく、その著作物を利用できます。補償金の供託とは、補償金を預けて保管を依頼することをいいますが、本来、著作物の利用にあたり支払う許諾料に相当する金額を文化庁に供託しておく趣旨です。

　裁定制度の対象になる著作物については、著作権者や著作権者から許諾を得た者により公表されている著作物であるか、相当な期間にわたって広く人々に提供されていることが明らかな著作物であることが必要です。ここで「提供されている」とは、公表の有無が不明確であるものの、比較的長期間にわたって世間一般に知れ渡っていることをいいます。たとえば、童謡などが挙げられます。

　そして、裁定制度を利用する場合は、著作物の利用希望者が著作権者を検索する「相当な努力」をしたことが求められます。著作権者の検索は、①著作権者情報が掲載された資料の閲覧、②著作者団体などへの照会、③新聞やインターネット広告による著作権者情報の提供の呼びかけをすることが必要です。もっとも、現在では裁定制度の利用を促すため、過去に裁定を受けた著作物の著作権者検索に限り、①②に関して、文化庁が持っている過去に裁定を受けた著作物等に関するデータベースの閲覧・照会に代えることを認めており、利用希望者の負担が小さくなっています。

5 著作権の放棄

著作権の放棄とは

　著作権は、著作権者が、著作物について、複製、公衆送信、貸与などの利用を独占的に行うことができる権利です。その一方で、著作権者が著作権を放棄し、著作物について自由な利用を認めたいと考える場合があります。著作権法では、著作権の放棄に関する規定が存在しません。しかし、同じく知的財産権である特許権の放棄が可能であることから、著作権者は著作権の放棄ができると考えられています。

　たとえば、著作権者が、特定の人に対して著作権を放棄し、その特定の人が自由に著作物を利用可能とするという内容の契約を結ぶことができます。著作権の放棄は、著作権者が「著作権を放棄する」という意思を示すだけで、相手方との合意がなくても、その意思を示した相手方との関係において著作権が放棄されます。

放棄できる場合とできない場合がある

　注意すべきなのは、著作権に関して放棄が可能な部分と、放棄が不可能な部分があるということです。

　前述したように、特許権が放棄可能であるのと同じく、原則としては自由に著作権の放棄ができると考えられています。ただし、著作権者が金銭を借り受ける際、自己の著作権に担保権を設定した場合には、著作権者の自由な放棄を認めてしまうと、著作権者に金銭を貸した人である担保権者の権利を害することになります。この場合は、担保権者を保護するため、著作権の放棄を認めることはできません。

　これに対し、著作者人格権は、著作者にのみ帰属する権利で、財産権ではありません。そのため、著作者人格権を放棄することができる

● **著作権の放棄**

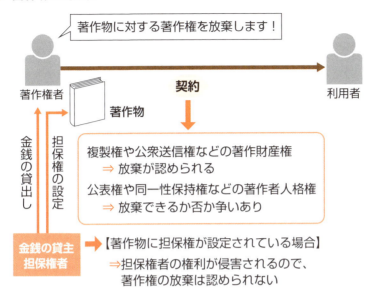

かどうかは争いがあります。取引実務上は「著作者人格権の不行使特約」を締結し、著作者に対し、著作者人格権を事実上放棄させることが行われていますが、この特約の有効性も争いがあります。

著作権の保護を受けない著作物を利用する場合

　インターネット上のWebサイトにおいて、著作権の保護を受けない著作物が掲載されている場合があります。掲載されているのは、著作権の保護期間（著作者の死後70年間）を経過した著作物や、著作権者が著作権を放棄した著作物などです。著作権の保護を受けない著作物は、著作権者などの許諾を得ずに利用することができますが、著作者人格権に反する利用はできません。また、Webサイト上の利用規約に反する利用が著作権侵害（とくに編集著作権の侵害）となる場合があるため、利用する際は注意しなければなりません。

6 著作権の活用方法

著作権の利用には許諾が必要

　著作権は、著作物の著作権者を保護する側面があります。たとえば、著作物について複製を行い、複製物（書籍やCDなど）を販売することで、著作権者は、その対価を得ることができます。また、著作権者が著作物を利用することなく、著作物の複製などによる利用を他人に許諾したり、著作権それ自体を譲渡したりすることで、その対価を得ることもできます。このように、著作権者は、著作物に関する著作権の行方について、さまざまな選択肢を持っています。

　これに対し、著作権者以外の人が著作物を利用する場合には、原則として、事前に著作権者から承諾を得ておくことが必要です。これを著作権法では「許諾」と呼んでいます。

　もっとも、著作権者が他人に著作物の利用を許諾した場合であっても、許諾を受けた者が、その著作物を著作権者とまったく同様に利用できるとは限りません。むしろ、著作物の利用を完全に利用することを認めることは稀であり、著作権者は、他人に対して自己の著作権を限定的に利用することを許諾するのが通常です。

　このような著作物の利用に関する条件は、当事者同士で取り決めることが必要ですが、当事者同士の話し合いのみでは、著作権者にとっては、著作物に対する権利を不当に奪われる危険があります。反対に、著作物の利用を望む人にとっても、著作権者が著作物の利用に対する許諾を一切与えないために、本来は文化の発展のために比較的自由な利用が認められるはずの著作物について、その利用の範囲が極端に狭められるおそれがあります。そのため、著作権法では、著作物の利用に関する一定のルールを設けています。

● 著作権の譲渡

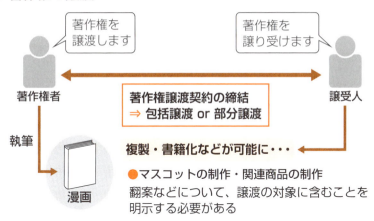

著作権の譲渡について

　著作権の譲渡とは、著作権者が、著作物の利用を望む第三者に対し、その著作物について持っている著作権を譲り渡すことをいいます。

　著作権の譲渡は、著作権者と著作権を譲り受ける人（譲受人）との間で、著作権の譲渡について合意に達することで成立します。著作権の譲渡に際しては、通常、譲受人から著作権者に対して対価が支払われます。このように、著作権の譲渡に関して特別な方式はなく、とくに対価が支払われる場合は、通常の日用品などの売買に代表される取引と変わりません。つまり、著作権の売主ともいえる著作権者が「著作権を譲渡する」と述べたのに対して、買主ともいえる譲受人が「著作権を譲り受けたい」と述べると、両者が著作権の譲渡について合意に達するので、この時点で著作権の譲渡が成立します。

　注意すべきなのは、著作権の譲受人が、他人に対して著作権の譲渡を受けたことを主張するためには、登録手続きを行う必要があることです。登録手続きとは、文化庁に対し、著作権の譲渡があったことについて、著作権登録原簿への記載を請求することをいいます。著作権登録原簿に記載がなされると、同一の著作権が別の譲受人に譲渡され

たとしても、その別の譲受人に対して、自分が著作権の譲受人であることを主張することができます。

　そして、著作権の譲渡が行われると、複製権、公衆送信権、貸与権などの著作財産権が、著作権者から譲受人に移転します。しかし、著作者人格権（公表権、氏名表示権、同一性保持権）は、著作権の譲渡によっても譲受人に移転しません。著作者人格権は、他人に譲渡することができないからです。

　たとえば、著作者が自ら執筆した小説の著作権（著作財産権）を譲渡した場合、複製権が譲受人に移転しているため、著作者は、譲受人に対し、小説の無断複製の差止めを求めることができません。

　しかし、譲受人が登場人物を勝手に変更した上で、小説を複製して販売する行為は、著作者が持っている同一性保持権の侵害にあたります。この場合、著作者は、著作権を譲渡していても、譲受人に対し、著作者人格権を侵害する行為の差止めを求めることができます。

▌著作権の譲渡の範囲について

　著作権の譲渡が行われる場合、著作権を包括的に譲渡すること（包括譲渡）もできる一方で、当事者間の取り決めにより、著作権を部分的に譲渡すること（部分譲渡）もできます。

　部分譲渡とは、著作権の譲渡に関して、おもに内容、場所、時間などを制限している場合をいいます。

① 　内容に関する部分譲渡

　たとえば、著作物が楽曲である場合に、楽曲を CD に録音して販売する複製権については譲渡するが、楽曲を広く人々の前で演奏する演奏権については譲渡しないという場合が考えられます。

② 　場所に関する部分譲渡

　ある楽曲に関する演奏権を譲渡するが、演奏ができるのは、特定のコンサートホールにおける演奏に限るという取り決めをしている場合

などが挙げられます。

③　時間に関する部分譲渡

　著作権の譲渡を行うが、譲渡される期間は契約日から３年間に限るという取り決めがある場合などが挙げられます。

　注意すべきなのは、二次的著作物の権利についての取扱いです。当然のことながら、著作権の譲渡において念頭に置かれているのは、著作物それ自体の著作権です。たとえば、漫画の著作権が譲渡された場合であれば、著作権の譲受人は、漫画を大量に複製・書籍化した上で販売することが可能になります。これに対し、漫画に登場するキャラクターをマスコット化する行為や、漫画の関連商品を制作する行為は、著作物の翻案であり、二次的著作物の制作となります。

　著作権法は、翻案権などの二次的著作物の権利については、譲渡の目的物として当事者間の取り決めがあるか否かによって、取扱いを変えています。具体的には、二次的著作物の権利も含めて譲渡の対象になることを明示していた場合は、著作権の譲渡によって、二次的著作物の権利も譲受人に移転します。しかし、二次的著作物の権利に関する取扱いを明らかにしていない場合は、著作権の譲渡後も、譲渡した人が二次的著作物の権利を持っている人と推定されます。

■担保権を設定することもできる

　著作権者は、著作物の利用の一環として、著作権について担保権を設定することができます。たとえば、著作権者が第三者から金銭を借りる際に、著作権に質権を設定した場合には、著作権者が金銭の返済ができないときに、質権の設定を受けた金銭の貸主は、著作権を利用したり、譲渡したりすることができます。なお、著作権について質権の設定を受けた人が、質権の存在を他人に主張するためには、文化庁に対する質権の設定に関する登録が必要です。

第3章 ● 著作権の効力と帰属　　**91**

納品したイラストや写真の著作権は、発注者に移転しなければならないのでしょうか。制作者が公開などを行うことはできないのでしょうか。

 著作権の帰属は、契約時に決めておくことが望ましいですが、発注者に著作権が帰属することもあります。

　著作権は、著作物を創作した時点で、まずは著作者本人に帰属しますが（この段階の著作者は著作権者を兼ねています）、著作権の帰属が争われる場合として、商品紹介用のチラシや商品のパッケージに掲載するイラストや写真の発注を行う場合が挙げられます。

① 著作権の移転に関する取り決めの有無がポイント

　注文者からの発注を受けて、制作者が制作した著作物が納品された場合、その著作物の著作権は、著作者である制作者に残るのか、または制作者から発注者に移転するのかが問題になります。この点に関する争いを避けるためには、契約書を作成し、著作権の帰属についての取り決めを書面に残しておくことが望ましいといえます。

　発注者は、商品紹介用のチラシや商品のパッケージに掲載する目的で、イラストや写真の制作を依頼しているため、制作者が著作権を主張し、依頼したイラストや写真が利用できなくなる事態は避けたいと考えます。そのため、依頼に関する契約をする時に、制作した著作物の著作権は発注者に移転するという取り決めをした上で、発注者から制作者に対して対価（報酬）を支払うのが通常です。このような取り決めによって著作権が発注者に移転している場合、制作者は、自ら制作した著作物の利用に際し、発注者の許諾を得る必要があります。

　反対に、発注者との契約によって著作権の移転を取り決めていない場合、イラストや写真を制作した制作者は、納品後も著作権者の地位を失っていないと扱われます。つまり、制作者は、イラストや写真を

納品したイラスト・写真の著作権・著作者人格権について

① 商品のパッケージに記載するイラスト制作を依頼

② イラストを制作の上、納品

発注者　　　　商品　　　　　　　　　　　　　　制作者

イラストの著作権

〈原則〉制作者が著作権・著作者人格権を持つ
〈例外〉契約の取り決めで著作権を発注者に移転できる
　　　　※著作者人格権についても、制作者が行使しない
　　　　　ことを契約で取り決めることができる

⇒著作権が発注者に移転した場合、制作者が
　イラストを利用するときに発注者の許諾が必要

自ら利用することができます。ただし、制作者側によるイラストや写真の利用を制限する取り決めがあれば、制作者は、その制限に従って利用をすることが求められます。

② **著作者人格権は譲渡ができない点に注意する**

　注意すべきなのは、著作権を発注者に移転するとの取り決めをしていても、著作者人格権は他人への譲渡ができないため、著作権の移転にともなって移転するものではないという点です。たとえば、制作者が制作したイラストを商品のパッケージに掲載する際、多少のトリミング加工などを行う必要があるかもしれません。しかし、同一性保持権を含めた著作者人格権は、著作権とともに移転せず、著作者である制作者が持ったままですから、制作者が同一性保持権を主張した場合、著作権の移転を受けていても、自由にイラストや写真を利用することができない事態が起こるおそれがあります。

　そこで、契約書の中に、著作権について発注者に移転する取り決めをするとともに、制作者が著作者人格権を行使しないことを、契約書の条項のひとつとして明記しておくことが望ましいといえます。

第3章　● 著作権の効力と帰属　　93

7 著作権の利用許諾申請手続き

どんな著作物をどこに申請するのか

　著作物の利用を希望する人が、著作権者に対して許諾を得ようと考えている場合、まず、著作物を特定しなければなりません。

　おもに紙媒体の著作物を特定するのに必要な事項は、①著作者名、②著作物の名称、③出版社名・新聞名・雑誌名（発刊日や号数を含みます）、④書籍の著作物の場合は ISBN コードが必要です。ISBN コードは「国際標準図書番号」のことで、バーコード形式の 13 桁の数字から構成されています。日本では「日本図書コード管理センター」を通じて取得することができます。これに対し、ISBN コードがないインターネット小説など、Web サイト上にある著作物の特定に必要な事項としては、上記の③と④の事項に代えて、著作物が掲載されているサイト名、著作物が掲載されているページの URL などが必要です。

　次に、実際に著作権者に許諾申請を行う場合に、申請先を特定する必要があります。著作権者自身の Web サイトなどがある場合は、連絡先が記載されていれば、アクセスは比較的容易です。これに対し、著作物が特定の団体などに管理委託が行われている場合は、その団体を通じて許諾申請を行うことになります。おもな著作権の管理委託団体として、一般社団法人日本音楽著作権協会（JASRAC）、公益社団法人日本文藝家協会、協同組合日本脚本家連盟、協同組合日本シナリオ作家協会、一般社団法人日本美術家連盟（JAA）が挙げられます。

どんな契約を締結するのか

　申請先を特定した後は、著作物の利用許諾申請を行います。その際に、使用料（利用許諾料）の金額や著作物の利用条件に関して、利用

● 著作権の利用許諾申請手続き ···································

著作物の特定 ①著作者名、②著作物の名称、③出版社名・新聞名・雑誌名、④ISBN コード（書籍の場合）

著作権者の特定 著作権者の特定
⇒ 著作者以外が著作権者である場合もあり

著作物の管理委託団体
（例）小説の場合
⇒ 公益社団法人日本文藝家協会などに相談

利用許諾契約の締結 利用条件や使用料の支払いなどについて取り決めをする

使用料の支払い・適正な利用 出典表記や利用条件を遵守する

許諾契約を締結するのが通常です。もっとも、使用料については、管理委託団体が管理している場合、大まかな料金体系が示されていることが多いのですが、その他の著作物の利用条件をめぐってトラブルに発展するおそれもあるため、利用許諾契約に盛り込むことが重要です。

利用許諾契約書の書式は、文化庁の Web サイトで公開している「著作権契約書作成支援システム」を利用する方法もあります。

そして、使用料を支払って、利用許諾を受けた後は、利用条件を遵守し、出典表記や利用期間などに注意しなければなりません。

海外の出版物の場合の手続き

海外の著作物の利用許諾申請を行う場合も、基本的には、日本の著作物と同様に、著作物・著作権者を特定し、著作権者や管理委託団体との間で利用許諾契約を締結します。海外の音楽の著作物であれば、JASRAC に対して利用許諾申請ができる場合があります。

海外の申請先との連絡はスムーズにいかないことも多く、使用料として高額の支払いが要求されることも少なくないのが注意点です。

第3章 ● 著作権の効力と帰属

Column

違法ダウンロードの刑事罰化をめぐる法律問題

　著作権侵害行為に対しては、著作権法が規定する刑事罰が歯止めとしての役割を持っています。たとえば、著作権法に違反してコピーされ、またはインターネット上に公開されたコンテンツを「海賊版」といいますが、海賊版の制作は著作権法違反行為にあたります（複製権・公衆送信権などの侵害）。これに対し、海賊版をダウンロードするのは、私的使用目的であれば著作権法に違反しないのが原則です。例外として、有償である音楽・映像の著作物は、海賊版であるのを知りながらダウンロード（録音・録画）すると、私的使用目的であっても刑事罰の対象になります（違法ダウンロード）。これにより、CD や DVD などとして販売されている音楽・映像の著作権侵害行為に対し、一定の歯止めがかかっています。

　しかし、海賊版による著作権侵害は音楽・映像にとどまらず、漫画や小説などの著作物についても、スマートフォンのスクリーンショット機能などを利用し、容易に著作権侵害が可能であることが問題視されています。

　そこで、違法ダウンロードに対する刑事罰の対象を、有償の音楽・映像に限らず、有償・無償を問わずあらゆる著作物に拡大する著作権法改正が検討されています。これにより、海賊版の流通が著しい漫画や小説をはじめ、あらゆる著作物について違法ダウンロードから著作権者の利益を守るという効果が期待されています。他方で、あらゆる著作物に対象を拡大することで、違法アップロードを知っていれば、写真 1 枚であってもダウンロードすると刑事罰の対象になるおそれがあります。

　2019 年 3 月現在、著作権法改正案は提出されていませんが、インターネット上の著作権に関する法改正の動向に注目する必要があります。

第4章
著作隣接権

1 著作隣接権

著作隣接権とは

著作隣接権とは、おもに著作物を広く人々に伝達するのに貢献している人に対して認められる権利をいいます。著作物は、制作されただけでは多くの人に伝達することができず、著作物の保護目的である十分な文化の発展につながりません。そこで、文化の発展を理由に、著作権者に対して保護を与えるのであれば、著作物を広く人々に伝達する人に対しても、一定の保護を与える必要があると考えて、著作権とは別に著作隣接権を認めています。たとえば、ある楽曲を制作した作詞家・作曲家は、著作権者として楽曲に対する著作権を持っています。これに対し、楽曲を歌唱する歌手や演奏する演奏家は、楽曲を広く人々に伝達するために、著作隣接権が認められています。

著作権法では、著作隣接権を認める対象者として、実演家、レコード製作者、放送事業者、有線放送事業者を規定しています。

① 実演家に認められる権利

実演家とは、著作物を演じる人、踊る人、歌う人、朗詠する人などを指します。たとえば、前述した楽曲の例における歌手や演奏家が実演家にあたります。実演家には、録音権・録画権、送信可能化権などの著作隣接権が認められています。

② レコード製作者に認められる権利

物に音を固定（録音）したもの（CD、ハードディスク、テープなど）をレコードといい、レコード製作者とは、音をはじめてレコードに固定した人をいいます。つまり、音を最初に録音して原盤（マスター）を制作した人です。レコード製作者には、複製権、送信可能化権などの著作隣接権が認められています。

● 著作隣接権 ....

著作隣接権 ⇒ 著作物などの伝達に貢献する人に認められる権利

著作隣接権	おもな内容
①実演家に認められる権利	自ら歌唱した楽曲の録音権・録画権など
②レコード製作者に認められる権利	自ら制作したレコード（原盤など）の複製権、送信可能化権　など
③放送事業者に認められる権利	放送の複製権、テレビジョン放送による伝達権、再放送権　など
④有線放送事業者に認められる権利	有線放送の複製権、有線テレビジョン放送による伝達権　など

③　放送事業者に認められる権利

　人々により同一の内容が同時に受信されることを目的にして行う無線通信を放送をいい、放送事業者とは、放送を事業として（収益を得る目的で）行う人をいいます。たとえば、テレビ局、ラジオ局などがこれにあたります。放送事業者には、複製権、テレビジョン放送による伝達権、再放送権などが著作隣接権として認められています。

④　有線放送事業者に認められる権利

　人々により同一の内容が同時に受信されることを目的にして行う有線通信を有線放送をいい、有線放送事業者とは、有線放送を事業として行う人をいいます。たとえば、ケーブルテレビ放送局などがこれにあたります。有線放送事業者には、複製権、有線テレビジョン放送による伝達権、再有線放送権などが著作隣接権として認められています。

┃どのように発生するのか

　著作隣接権には、著作権と同様に特別の方式は必要ありません。伝達行為が行われた時点で、当然に著作隣接権が発生します。たとえば、テレビ局がある番組を放送した場合、放送を行った時点で、著作隣接権が発生します。保護期間は、著作隣接権の発生時から70年間です。

2 著作権法上の映画

映画の著作物にはどんなものがあるのか

　著作権法において、映画の著作物とは、人の思想や感情が連続する映像として表現されている著作物をいいます。典型例として、映画館で公開されている映画が挙げられます。さらに、映画に類似する視聴覚的効果を生じる方法で表現され、物に固定されている著作物についても、映画の著作物に含まれます。ここで「物に固定されている」とは、映像や音声がフィルム、ビデオ、DVD、ハードディスクなどの媒体に保存されることをいいます。

　そのため、著作権法では、動きがある映像や音声の効果によって表現されている著作物は、すべて映画の著作物に含まれます。したがって、テレビで放送されているドラマやCMの他、ゲームソフトも映画の著作物に含まれることがあります。

著作者は誰になるのか

　著作権法では、映画の著作者に関して、制作、監督、演出、撮影、美術などを担当し、映画の著作物の全体的形成に創作的に寄与した人をさすと規定しています。具体的には、プロデューサー、映画監督、ディレクターなどがこれにあてはまります。

　注意すべきなのは、その肩書ではなく、映画の創作的表現の形成に貢献していることが必要です。たとえプロデューサーの肩書を持つ人であっても、映画への関与が少なく、創作的表現の形成に影響を与えていない場合は、著作者から除かれることになります。

　また、映画の制作（映画を創作する行為）にあたり、原作になっている小説や漫画などが存在する場合が少なくありません。原作の小説

● 映画の配給制度

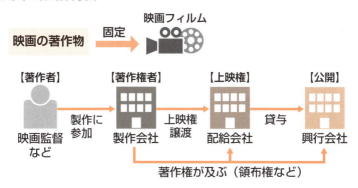

や漫画を執筆した人も映画の創作的表現に貢献しているため、映画の著作者に含まれるともいえそうです。しかし、著作権法では、原作の小説や漫画を執筆した人は、映画の著作物の著作者に含まないと規定しています。同様に、映画の脚本を制作した人や、映画で使用されている楽曲を制作した人も、映画の著作物の著作者に含まれません。

　もうひとつ、映画の著作物について職務著作が成立する場合があることも要注意です。その場合、著作者が映画監督などの個人ではなく、法人など（おもに映画会社）に帰属します。

映画製作者に著作権が帰属する場合

　著作権法では、映画の著作物について、その著作者が映画製作者に対して映画の製作（制作のための企画や資金調達など）に参加することを約束している場合、映画製作者が著作権者になって著作権が帰属することを規定しています。ここで「映画製作者」とは、映画の著作物の製作に発意と責任を持つ者をいいます。具体的には、映画の著作物の製作を望み、映画の著作物の製作に関し、収入や支出の主体になる人をさします。劇場公開用の映画の場合は、映画会社が映画製作者にあたる場合が多いといえます。

　映画製作者に著作権を帰属させる理由は、映画製作者が企画して映

画を製作する場合、通常は莫大な投資を行うのが映画製作者であることを考慮したためです。その他、映画の著作者が著作権者を兼ねていると、映画の著作物を他人が利用する際に、すべての著作者に許諾を得ることが必要になるところ、これでは映画の著作物の利用が極めて限定されるおそれが高いことも理由として挙げられます。

　注意すべきなのは、映画製作者に著作権が帰属しても、著作者の地位は映画監督などに残ることです。そのため、著作者人格権は映画監督などに帰属します。この点は、前述した職務著作において、著作者の地位が法人などに帰属する（著作者人格権も法人などに帰属する）場合とは異なります。

頒布権と映画配給会社

　映画の著作物以外の著作物については、著作権のうち譲渡権や貸与権が認められています。これに対し、映画の著作物については、譲渡権や貸与権が認められていない代わりに、頒布権が認められます。

　頒布権とは、映画の著作物について、広く人々に譲渡または貸与する独占的な権利をいいます。この点は、譲渡権や貸与権と異なりません。しかし、頒布権には、映画の著作物を広く人々に公開する目的を持つ特定の人（映画配給会社など）に対し、映画の著作物の譲渡または貸与をする権利を独占することも含まれています。

　このように、映画の頒布権について、他の著作物に関する譲渡権や貸与権よりも広い権利が認められているのは、劇場用映画が配給会社と興行会社を通じて公開されていたことに由来します。

　劇場公開用の映画の著作物は、映画の製作会社（映画製作者）が自ら公開を担当することはありません。製作会社から上映権を譲り受けた配給会社が、映画の著作物を公開する興行会社（映画館を持っている会社）を選定し、映画フィルムを貸与します。映画フィルムを借り受けた興行会社は、自らの各映画館の公開期間を設定した上で、ある

映画館に映画フィルムを渡し、公開期間が終了したら、映画フィルムの返却を受け、別の映画館に貸与を行う、というしくみを採用していました。このような制度を映画配給制度といいます。

さらに、頒布権には、他の著作物に関する譲渡権の消尽に相当するものが規定されていないという特徴もあります。譲渡権の消尽とは、著作物の譲渡が適法に行われた場合、譲渡人は、譲受人が著作物を譲渡して利益を得ることについて、著作権の行使ができなくなる制度です。しかし、映画の著作物の頒布権には、消尽に関する規定がないことから、配給会社や興行会社が映画フィルムを他人に売却しても、それによって製作会社が持っている映画の著作物に対する頒布権は消尽しません。そのため、映画フィルムの無断転売行為について、製作会社としては、著作権を行使して差止めを求めることが可能です。

映画の著作物は、莫大な投資を著作権者が行うのに対し、その投資を回収することができる期間が短い、つまり映画館で上映することができる期間が短い傾向があります。そこで、著作権者ができる限り投資を回収することができるようにするため、頒布権という特別の権利を映画の著作権者に付与したと考えることができます。

もっとも、映画の著作物のうち、中古ゲームソフトに関して（⇨ P.120）、適法に他人への譲渡がなされると、頒布権の中の譲渡に関する権利が消尽するとした最高裁判所の判決がある点に注意を要します。

保護期間について

映画の著作物は、創作にあたって多数の人が関与しており、著作者を特定することが困難になるケースがあります。そのため、通常の著作物の著作権は、著作者の死後70年間を経過すると保護期間が終了するのに対し、映画の著作物の著作権は、公開後70年を経過すると保護期間が満了することにしています。また、映画の著作物が公開されていない場合は、創作後70年を経過すると保護期間が終了します。

3 俳優やアーティストの権利

俳優などは著作隣接権をもつ

　著作物は、創作されるにとどまらず、広く人々に伝達されて、はじめて文化的な価値や経済的な価値を生み出します。そして、著作物を広く人々に伝達するのは、著作者や著作権者だけではありません。

　たとえば、とても面白い物語を考えついた場合、自ら物語をワープロソフトに打ち込み、プリントアウトして自ら手売りすれば、著作者が自ら著作物を人々に伝達させたといえます。しかし、物語を演劇として他人が演じた場合や、テレビドラマ化して放送した場合、人々に伝達させたのは俳優（演劇の出演者）やテレビ放送局です。

　このように、著作物を人々に伝達する過程において、著作権者以外の人が大きな役割を果たしている場合があります。

　また、著作物を無断複製するなど、著作権侵害が発生した場合は、著作権者以外の人の権利も侵害されています。たとえば、テレビで放映されたドラマを録画してインターネット上に送信した場合、シナリオを書いた人の著作権だけでなく、テレビ放送局の利益（無断でドラマの映像を使用されない利益）も保護しなければ、人々への適正な伝達が阻害されます。

　そのため、著作権法では、著作権や著作者人格権以外に、著作物の伝達者を対象とする著作隣接権を規定しました。これにより、創作者から伝達者まで、広く著作権法上の保護が及ぶことになります。

実演家としての権利の内容

　実演家とは、俳優、舞踊家、演奏家、歌手その他実演を行う人、実演を指揮する人、または実演を演出する人をさします。アーティスト

● 俳優やアーティストの権利

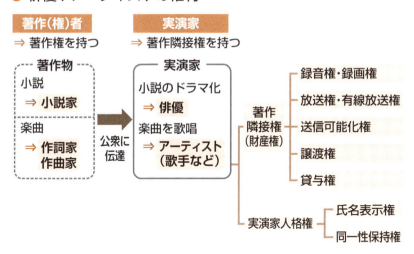

も「実演を行う人」であるため、実演家にあたります。ここで「実演」とは、演劇的に演じる、踊る、演奏する、歌う、口演する、朗詠する、またはその他の方法によって演じることをさします。しかし、舞台では演劇的に演じること、コンサートでは歌うこと、というように表現行為を限定することはしないため、著作権法では、類似する行為を広く「実演」に含めています。

著作権法が規定する実演家の権利には、①財産権である著作隣接権だけでなく、②実演家人格権もあります。

① 著作隣接権

実演家が持っている著作隣接権は、録音権・録画権、放送権・有線放送権、送信可能化権、譲渡権、貸与権です。

録音権・録画権は、実演を録音・録画する独占的な権利をいいます。そのため、実演を写真撮影することは録音権・録画権の侵害になりません。放送権・有線放送権は、実演を放送・有線放送する独占的な権利をいいます。送信可能化権は、インターネットを用いて、実演を自動公衆送信することができる状態にする独占的な権利をいいます。譲

渡権は、実演の録音物・録画物を広く人々に譲渡する独占的な権利をいいます。この譲渡権にも譲渡権の消尽が認められます。貸与権は、実演が録音されている商業用レコード（市販目的をもって製作されるレコードの複製物）を広く人々に貸与する独占的な権利です。

② 実演家人格権

　実演家が持っている実演家人格権は、氏名表示権と同一性保持権です。公表権は著作物の公表に関わる権利なので、著作権者ではない実演家は持っていません。

　氏名表示権は、実演を広く人々に提供する場合などにおいて、実演家の実名・変名を表示し、または表示しないことを決定することができる権利をいいます。たとえば、映画の最後に出演者の氏名が流れることがありますが、そこに出演した俳優の名前を表示するか、または表示しないことを求めることができます。ただし、氏名の表示については、実演家の利益を害するおそれがない場合、または公正な慣行に反しない場合は、これを省略することができます。

　同一性保持権は、自己の名声や声望を害する形で、実演の変更、切除その他の改変を受けない権利をいいます。デジタル技術の進化で、撮影されたデータを容易に編集できるようになりました。たとえば、編集スタッフが、ある俳優が気に入らないとして、その容姿を改悪するようなことがあると、その俳優の名声や声望が害されるため、許されません。ただし、利用目的などに照らしてやむを得ない改変、または公正な慣行に反しない改変は、例外的に認められます。

録音権・録画権をめぐる問題点

　録音権・録画権について、映画の著作物の例外があります。「実演家の許諾を得て映画の著作物において録音・録画された実演」については、録音権・録画権が及びません。これは映画の円滑な利用を確保するために規定されたものです。たとえば、映画の上映後、出演者の

許諾を得て録画した映画のデータを DVD 化する場合、DVD 化することも録画（固定物の増製）にあたりますが、再び出演者全員の同意を得る必要がないことを意味します。このような規定をワンチャンス主義といいます。

ただし、「実演家の許諾を得て映画の著作物において録音・録画された実演」であっても、録音物に録音する場合は、実演家の録音権・録画権が及びます。これは、映画のサウンドトラック CD を作成する場合が想定されています。この場合、再び出演者全員の許諾を得るという煩雑な手続きは想定されないため、CD の作成に際して実演家の許諾を得ることが必要になります。

TPP11 協定による改正

2018 年 2 月に TPP11 協定が署名され、同年 12 月 30 日に発効に至りました。この協定により、協定に参加した 11 か国の間における貿易取引が拡大されることになります。そして、著作物も経済的価値を持っており、貿易の拡大は著作権にも影響を及ぼすことから、著作権法も改正されました。

まず、放送事業者と有線放送事業者は、CD などの音源（商業用レコード）を利用して放送・有線放送をする場合、実演家に二次使用料を支払わなければなりません。この点について、TPP11 協定にともなう著作権法改正により、商業用レコード以外にも、おもにインターネットから配信される音源などの放送・有線放送が二次使用料の支払対象に含まれました。インターネットからダウンロードするなどの利用方法が主流となりつつある状況に適合させる目的があります。

さらに、実演権の保護期間が 50 年から 70 年に延長されました。著作権の保護期間が 70 年に延長されたことに対応するもので、実演家の権利保障を厚くする目的があります。

第4章 ● 著作隣接権　107

4 CDやレコード制作会社の権利

製作者はどんな権利をもっているのか

著作権法では、レコード製作者の権利を保障しています。著作権法にいう「レコード」は、CD、DVD、ハードディスク、テープなどの物に音を固定したものをさします。この場合の「音」は、音楽だけでなく、鳥のさえずりや川のせせらぎなどの自然に存在する音も含まれます。したがって、著作物にあたらない音であっても、その音をCDなどの物に固定すれば「レコード」として保護対象になります。

レコード製作者は、レコードに固定されている音を最初に固定した者をさします。たとえば、音楽CDの製作において、アーティストが歌い、音楽出版社（レーベル）がその歌声をCDに録音した場合には、音楽出版社がレコード製作者にあたります。

レコード製作者は、音楽などの著作物の伝達に大きな役割を果たしています。そのため、著作権法では、レコード製作者に対して著作隣接権を与えています。具体的には、複製権、送信可能化権、譲渡権、貸与権、二次使用料請求権、貸与権の期間経過後の報酬請求権です。

複製権・送信可能化権・譲渡権・二次使用料請求権

レコード製作者がレコードの複製を製作する権利を独占することを複製権といいます。レコード製作者以外の人が、無断でレコードの複製をすれば、原則として複製権侵害となります。ただし、私的使用目的による複製の場合は、複製権侵害となりません。

さらに、レコード製作者は、レコードを自らのWebページにアップロードし、人々がそのレコードにアクセス可能な状態にする権利を独占しています。これを送信可能化権といいます。

● レコード製作者の権利

その他にも、レコード製作者がレコードを複製し、複製物（市販の音楽CDなど）を人々に譲渡（販売）する権利を独占しており、これを譲渡権といいます。この譲渡権にも譲渡権の消尽が認められます。

また、二次使用料請求権は、たとえば、販売された音楽CDをテレビ番組で流した場合、レコード製作者が、そのテレビ会社に対して使用料を独占的に請求できる権利をいいます。

貸与権の期間と期間経過後の報酬請求権

貸与権は、レコード製作者が商業用レコード（市販目的で製作されるレコードの複製物）を貸与する独占的な権利です。ただし、貸与権の期間は、商業用レコードの発売後12か月に限定されていますが、貸与権消滅後においても、レコード製作者は、レンタル業者に対して相当の額の報酬を請求することができます。

この貸与権の期間経過後の報酬請求権は、かつては貸与権消滅後49年間に限定されていました。これはレコードの保護期間50年に対応するものでした。しかし、TPP11協定の発効後、レコードの保護期間が70年に延長されたことにともない、報酬請求権も貸与権消滅後69年間に延長されています。

> **Q** 他人が作曲した楽曲を無断でアレンジすることは、誰のどのような権利を侵害することになるのでしょうか。

 著作者の同一性保持権、氏名表示権の侵害や、著作権者の翻訳権・翻案権の侵害となる場合があります。

　著作権法において、著作者と著作権者は常に一致するわけではありません。著作者は、著作物を創作した人をさします。しかし、必ずしも著作者が著作権を有しているとは限りません。著作権は他人に譲渡することができるからです。たとえば、楽曲を作曲した人が、その著作権を所属する会社に譲渡することがあります。

　譲渡することができる著作権は、著作財産権（狭義の著作権ともいいます）に限定されます。著作財産権とは、著作権者の財産的な利益を保護するための著作権をいいます。これとは別に、著作者に認められる譲渡不可の権利があります。それが著作者人格権です。

　著作者人格権には、①未公表の著作物を人々に提供し、または提示する権利（公表権）、②著作物の原作品に、または著作物の人々への提供・提示に際し、氏名を表示するか否かを決定する権利（氏名表示権）、③著作物の同一性を保持する権利（同一性保持権）があります。

　元の楽曲を作者に無断でアレンジして公表した場合、氏名表示権を侵害するおそれがあります。元の楽曲の作者は、自らが望む形で、自らの楽曲であると表示する権利があるからです。さらに、同一性保持権を侵害するおそれもあります。アレンジが元の楽曲の作者の意向に反すると、同一性保持権の侵害になるからです。その他、元の楽曲の本質的な特徴を維持しつつ、これを大きくアレンジした場合は、著作権者の許諾がないと、著作権者の翻訳権・翻案権を侵害します。

Q 他人の楽曲を作者に無断で演奏することは、誰のどのような権利を侵害することになるのでしょうか。チャリティや地域のお祭りなどで利用する場合はどうでしょうか。

A 著作権者が有する演奏権の侵害となります。ただし、チャリティや地域のお祭りなどで利用する場合は、一定の要件を満たせば、演奏権の侵害になりません。

　楽曲について著作権を有する著作権者は、演奏権を有しています。演奏権とは、不特定または多数の人の前で楽曲を奏でる独占的な権利をいいます。そのため、著作権者に無断で楽曲を演奏することは、著作権者の演奏権を侵害するものといえます。

　では、楽曲を演奏する場合には、必ず著作権者の許諾が必要なのでしょうか。著作権法では、営利を目的としない場合の例外を規定しています。他人の楽曲について、営利を目的とせず、聴衆・観衆から料金を受けず、演奏者が報酬を受けない場合は、著作権者に無断で演奏をすることができます。「営利を目的とせず」とは、演奏そのものから料金を得ないだけでなく、間接的に利益を得ないことも含みます。たとえば、飲食店で無料ライブをする場合は、演奏そのものから料金を得なくても、飲食店で何か注文をするため、営利目的となります。

　また、貧困国の子どものために、チャリティコンサートを行うことがあります。この場合、会場に集まった人から入場料を徴収し、それを募金にあてるのが一般的ですが、入場料を徴収して楽曲を演奏している以上、営利目的になります。地域のお祭りで楽曲を演奏する場合も、主催者が飲食店で、お祭りでの演奏を通じて飲食代金を得ている場合は、営利目的があると判断されます。これら営利目的があると判断される場合は、無許諾での演奏が著作権侵害になります。

> **Q** 音楽CDにある音楽データをスマートフォンに取り込み、SNSやファイル共有システムにアップロードし、無料でダウンロード可能な状態にする行為は、著作権侵害にあたるのでしょうか。

 A 取り込み行為は、私的使用目的であれば、著作権侵害にあたりませんが、アップロード行為は、私的使用目的といえず、著作権侵害にあたります。

今日では、楽曲を音楽CDで視聴するよりも、音楽CDの音源をスマートフォンやパソコンに取り込んで、その取り込んだ音楽データを視聴するのが一般的になっています。その他には、音楽配信サイトから音楽データをダウンロードして視聴する人も多いと思います。

もっとも、音楽配信サイトを通じて音楽データのダウンロードをする場合は、個別の音楽データを購入するか、毎月決まった額を支払うことを条件とするしくみになっています。個人的に視聴する範囲であれば、著作権侵害の問題が生じません。

音楽データと著作権侵害について、見ていきましょう。

① スマートフォンなどに音楽CDの音源を取り込む行為

音楽CDの音源をスマートフォンなどに取り込むのは、著作物の複製にあたり、取り込んだ音楽データを再生するのは、著作物の演奏にあたります。そのため、原則として著作権者の許諾を得なければ、著作権侵害（複製権と演奏権の侵害）にあたります。

もっとも、私的使用目的で音楽CDの音源を取り込んでスマートフォンなどで視聴する場合、著作権侵害にはあたりません。

② SNSやファイル共有システムへのアップロードなど

音楽データのアップロード（送信可能化にあたります）を著作権者の許諾を得ずに行うことは、著作権侵害（公衆送信権の侵害）にあた

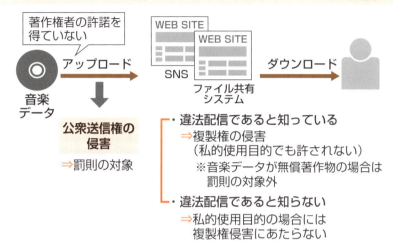

ります。このように著作権を侵害する形でダウンロード可能な状態に置かれたデータは「海賊版」と呼ばれ、著作物が著作権者の管理が及ばないところで広く拡散されるため、著作権者が著作物を通じて得られるはずの収益を著しく失いかねないことが問題視されています。

著作権者の許諾を得ずに、SNSやファイル共有システムにアップロードされた音楽データをダウンロードすることも、私的使用目的の範囲内でダウンロードする場合は、本来であれば著作権侵害にあたらないはずです。

しかし、その音楽データが著作権を侵害した違法配信のものであることを知りながらダウンロードする行為は、私的使用目的の範囲内であっても著作権侵害となります（違法ダウンロード）。その音楽データが無償著作物の場合に限り、刑事罰の対象に含まれません。

2019年3月現在、違法ダウンロードの適用対象は、録音・録画された有償著作物などのみですが、この限定を取り外し、すべての著作物を違法ダウンロードの適用対象に含めることが検討されています。

5 テレビやラジオなど 放送事業者の権利

放送事業者はどんな権利をもっているのか

　放送とは、同一の内容の送信が広く人々によって同時に受信されることを目的として行う無線通信の送信をいい、放送を業として行う人を放送事業者といいます。地上波放送や衛星放送をしている NHK・民放各局などが放送事業者にあたります。

　放送事業者は、放送による著作物の人々への伝達に大きな役割を果たしており、放送の無断利用は、放送内容である著作物の著作権者の利益を害します。著作権法では、放送内容とは別に、放送そのものを行う放送事業者に著作隣接権を与えています。もっとも、放送事業者は、自ら番組制作もしており、放送内容に対する著作権を有している場合もあります。

　放送事業者が有する著作隣接権として、複製権、再放送権・有線放送権、送信可能化権、テレビ放送の伝達権があります。

　複製権は、放送内容を複製する独占的な権利をいいます。たとえば、テレビ放送の録音・録画や、テレビ放送中の画面を写真撮影する行為（スクリーンショット）も複製にあたります。なお、私的使用目的の範囲内における複製は、複製権の侵害になりません。

　再放送権・有線放送権は、放送を受信し、そのまま再放送または有線放送する権利を独占することをいいます。別の日時に同一内容の放送が行われる「再放送」は、再放送権・有線放送権が及ぶ再放送にはあたりません。一般の用語とは意味が異なります。

　送信可能化権は、放送を受信し、そのままインターネット上に送信可能化する独占的な権利をいいます。たとえば、受信したテレビ放送を、そのままインターネット上で配信する行為（ライブストリーミン

● 放送事業者の権利

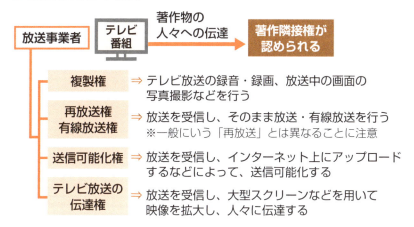

グ）を無断で行うと、送信可能化権の侵害にあたります。

　テレビ放送の伝達権は、放送を受信し、映像を拡大する特別な装置を用いて人々に伝達する独占的な権利をいいます。たとえば、大型スクリーンを利用したパブリックビューイングを無断で行うと、テレビ放送の伝達権を侵害します。

ケーブルテレビ事業者などはどんな権利をもっているのか

　著作権法では、放送（無線放送）と有線放送を分けています。**有線放送**とは、同一の内容の送信が広く人々によって同時に受信されることを目的として行う有線電気通信の送信をいい、有線放送を業として行う人を**有線放送事業者**といいます。たとえば、ケーブルテレビ事業者がこれにあたります。

　ケーブルテレビの発展により、有線放送事業者は、自主制作番組を制作して放送するなど、放送事業者と同様の放送をしています。そのため、有線放送事業者が有する著作隣接権は、放送事業者の場合とほぼ同様です。具体的には、複製権、放送権・再有線放送権、送信可能化権、有線テレビジョンの放送権があります。

> **Q** 飲食店で TV 番組や BGM を流す行為は、著作権侵害にあたるのでしょうか。BGM を流す行為自体でお金をいただいているわけではないので、営利にはあたらないのではないかと思っています。

 お金をいただいていないとしても、著作権者や著作隣接権者の許諾が必要な場合があります。

　TV 番組にはさまざまなジャンルがありますが、それが何らかの媒体（ハードディスクや DVD など）に固定されている場合に、映画の著作物にあたります。たとえば、テレビ放送をハードディスクに録画していれば、その録画されたデータが映画の著作物にあたります。

　したがって、録画した TV 番組を流す場合は、その著作権者の許諾がなければ、著作権者の複製権と上映権の侵害にあたります。

　これに対し、放送中の TV 番組を流す場合は、使用している TV によって異なります。具体的には、家庭用 TV の場合は、営利目的の有無を問わず、著作権者の許諾は不要です。しかし、家庭用 TV でない場合は、営利目的があるか、または聴衆・観衆から料金を受け取るときに、著作権者の許諾が必要です。無許諾で行うのは、著作権者の公衆伝達権の侵害にあたります。ここでの「営利目的」は、TV 番組を流すこと自体で料金を徴収しなくても、TV 番組を流すことが間接的に売上げに貢献するような場合も含まれます。

　なお、使用している TV が「映像を拡大する特別な装置」にあたるときは、営利目的の有無を問わず、放送事業者に無許諾で放送中の TV 番組を流すと、テレビ放送の伝達権の侵害にあたります。

● BGMを流す行為について

　BGM に音楽 CD を利用した場合、さまざまな人の権利が問題となります。音楽 CD には、作曲者・作詞者の著作権や、歌唱・演奏をし

TV 番組や BGM を流す行為

【TV 番組】
- 生放送中のTV番組を見せる場合
  - ⇒家庭用TVを使用
    ：著作権者の許諾不要
  - ⇒それ以外のTVを使用
    ：著作権者の許諾が必要
    （営利目的などの場合）
- 録画したTV番組を見せる場合
  - ⇒著作権者の許諾が必要

【BGM】
- CDをそのまま再生するには著作権者の許諾が必要
  - ※JASRAC管理楽曲は、JASRACとの間で利用許諾契約を結ぶ

ている実演家やCD製作者の著作隣接権があるからです。

　CDをそのまま再生してBGMとして流す場合は、著作権者の許諾が必要です。飲食店で使用する以上、私的利用目的の範囲内とはいえないからです。これを無許諾で行うと、著作権者の演奏権の侵害にあたります。ただし、JASRACに著作権の管理が委託されている楽曲であれば、JASRACと利用許諾契約を結ぶことで使用可能です。

　これに対し、クラシック音楽など、著作者の死後70年を経過している楽曲は、著作権が消滅しているため、著作権者の許諾は不要です。

　以上の場合であっても、著作隣接権者の許諾が必要とされるときは、別に許諾を得なければなりません。

6 動画投稿サイトへの投稿の著作権法上の問題点

動画投稿サイトとは

　動画投稿サイトとは、インターネット上に投稿（アップロード）した動画を、人々が閲覧することができる Web サイトをいいます。代表的なものとして、YouTube やニコニコ動画があります。

　動画投稿サイトには、個人が比較的自由に動画を投稿をすることができる他、動画の投稿者の中には、動画に挿入された広告から収入を得ている人もいます。この収入は再生回数が多いほど増えるため、再生回数を稼ごうとして人気の楽曲を無断利用するなど、著作権や著作隣接権の侵害が問題となる動画が投稿されることがあります。

包括的利用許諾契約を締結しているのがポイント

　動画投稿サイトには、有名な楽曲を自ら演奏した動画が投稿されています。このような動画の投稿を楽曲の著作権者や著作隣接権者に許諾なく行うことについて、著作権法上の問題はあるのでしょうか。

　自ら楽曲を演奏した動画の投稿は、著作隣接権侵害の問題は生じませんが、著作権侵害（演奏権の侵害）の問題が生じます。JASRAC が著作権を管理していない楽曲を演奏した動画の投稿は、その楽曲の著作権者から直接許諾を得なければ、著作権侵害になります。しかし、動画投稿サイトが JASRAC との間で包括的利用許諾契約を締結している場合には、JASRAC が著作権を管理する楽曲を演奏した動画の投稿であれば、著作権侵害にあたりません。

包括的利用許諾契約を締結していても違反になる場合

　動画投稿サイトが包括的利用許諾契約を締結していても、著作隣接

● 動画投稿サイトへの投稿と著作権法

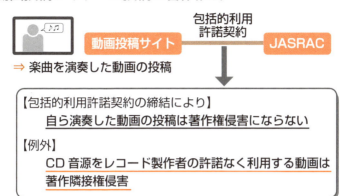

権の侵害になる場合があります。たとえば、音楽CDにあわせて創作ダンスを踊る動画は、レコード製作者（CD製作者）の著作隣接権侵害（複製権の侵害）にあたります。JASRACは著作隣接権を管理していないため、音源の利用にはレコード製作者の許諾が必要です。

著作権法違反はどうなるのか

投稿した動画が著作権法に違反すれば、著作権者や著作隣接権者から損害賠償請求や差止請求を受ける可能性があります。さらに、投稿した動画の削除、動画投稿サイトのアカウントの削除、動画投稿サイトの利用制限などが課される可能性もあります。

SNSでリンクする行為は著作権法に違反するのか

動画投稿サイトの動画をSNSでリンクする行為は、公衆送信権の侵害が問題となり得ますが、基本的には公衆送信権の侵害にはあたりません。リンクをしてもSNSを提供するWebサイトに動画のデータが保存されるわけではないからです。しかし、リンクした動画が著作権や著作隣接権を侵害したものであることを認識していた場合は、著作権侵害の幇助（手助け）にあたると判断される可能性があります。

Q 著作権者に無断で違法コピーされたゲームソフトと知りながら購入することや、Web サイトに公開されたゲームソフトのデータをダウンロードすることは、著作権侵害になるのでしょうか。

A ゲームソフトの購入は著作権侵害にはあたらず、ゲームデータのダウンロードは著作権侵害にあたります。

　ゲームソフトは、プログラミング言語という形式言語（記号や式の羅列で構成される言語）によって成り立っています。その特徴は、ゲームソフト独自のイベントや展開になるように、作者の個性が発揮されたプログラムが構成されていることです。このように作者の創作性がプログラムに表現されているゲームソフトは、プログラムの著作物にあたります。また、とくにコンピュータ・グラフィックを駆使したゲームソフトは、全体が動きのある連続的な映像によって成り立っています。そのため、映像に工夫がなされたゲームソフトは、映画に類似する視覚的効果を生じさせる方法で、創作的表現がなされていることから、映画の著作物にもあたります。

　ゲームソフトが著作物にあたることから、著作権者は譲渡権を有しています。譲渡権については、いったん適法に著作物や複製製物が譲渡された場合、その後の著作物や複製物の譲渡には譲渡権が及びません。これを譲渡権の消尽といいます。これによって、プログラムの著作物にあたる中古ゲームソフトの売買が、著作権侵害にあたることなく、適法に行うことが可能になっています。

　しかし、映画の著作物の著作権者には、譲渡権の代わりに頒布権が与えられています。頒布とは、人々への提示を目的として、映画の著作物の複製物を譲渡し、または貸与することです。頒布権については、譲渡権とは異なり、適法な譲渡により消尽するとの規定が著作権法に

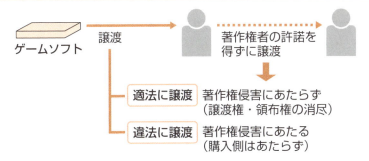

存在しません。しかし、最高裁判所の判決で、ゲームソフトが映画の著作物にあたるとしても、いったん適法に譲渡されると、その後の譲渡には頒布権が及ばない（頒布権の消尽）と判断しているため、中古ゲームソフトの売買は著作権侵害になりません。

譲渡権の消尽や頒布権の消尽は、無断コピーのゲームソフトの譲渡などの「違法」な譲渡には生じません。ただ、譲渡権や頒布権の侵害になるのは譲渡する行為であるため、購入すること自体は著作権侵害にあたりません。その後、購入した違法コピーのゲームソフトを他人に譲渡した時点で、譲渡権や頒布権の侵害であると判断されます。

これに対し、違法にインターネット上で配信されている録画・録音された著作物（映画の著作物など）だと知ってダウンロードする行為は、著作権侵害にあたります。これを違法ダウンロードといい、有償著作物の場合は刑事罰の対象になります。そのため、映画の著作物であるゲームソフトが著作権者に無断で Web サイトに公開されていることを知ってダウンロードする行為は、著作権侵害になります。

Column

レンタルした CD をコピーしたり
DVD のコピーガードを解除したりする行為

　著作権法では、著作権者の複製権を保障するため、著作物を複製する場合は、著作権者の許諾が必要としています。私的使用目的の範囲内で複製する場合は、著作権者の許諾が必要ありません。たとえば、レンタルショップや友人から借りた CD を、返却後も自分で視聴するためにコピーすることは、私的使用目的の範囲内として著作権侵害となりません。しかし、コピーしたものを著作権者に無断で他人に売却することは、著作権侵害（複製権と譲渡権の侵害）となります。

　この点は DVD についても同様で、私的使用目的の範囲内でコピーするのであれば、著作権者の許諾なく行うことができます。

　ただし、CD や DVD には、コピーガードが施されていることがあります。コピーガードとは、無断複製を防止するため、CD や DVD の複製を制限する技術のことです。近年は、複製技術の発達によって、CD や DVD の中身を、短時間で安価に複製することが可能になっています。このような状況では、CD や DVD について容易に著作権侵害が行われるおそれが生じます。そこで、コピーガードを施すことにより、無断複製を制限する CD や DVD が販売されるようになりました。

　コピーガードが施されている CD や DVD を複製することを技術的保護手段の回避といい、たとえ私的使用目的の範囲内であっても、著作権者の許諾がなければ著作権侵害となります。インターネット上でコピーガードについて検索すると、コピーガードの解除ができるとするアプリケーションが見つかることがあります。このようなソフトを使用しても、著作権侵害であることに変わりはありません。

第5章

著作権の制限と
著作権侵害・
対抗手段

1 著作権が制限される場合

なぜ著作権は制限されるのか

　他人の著作物について、常に著作権者の許諾を得なければ利用できないとなると、著作物が制作されたとしても、その著作物は利用が制限され、文化の発展に貢献できません。また、著作権の保護が厳格すぎると、新たな著作物を生み出すための支障にもなります。

　そのため、著作権法では、著作権者の保護とのバランスに配慮しつつも、著作権が制限される場合があることを認めています。

許諾がなくても著作物が利用できる場合がある

　著作権法では、著作権者の許諾を得ずに著作物を利用することができる場合として、おもに以下のケースを挙げています。

・私的使用のための複製

　たとえば、テレビ番組を後から観る目的で録画する場合など、家庭内またはそれに準じる限定的な範囲内で利用する目的で行う著作物の複製は、私的使用のための複製にあたり、原則として著作権者の許諾が不要です。

・著作物を付随的に利用する場合など

　写真撮影、録音、録画によって著作物を創作する過程で、他人の著作物を軽微な構成部分として利用する場合は、付随対象著作物の利用にあたり、著作権者の許諾は不要です。たとえば、ある人が風景を写真撮影する際に、他人の制作した美術品が背景に小さく写り込んでしまうとしても、著作権者の許諾は不要です。しかし、美術品が大きく写る場合は、美術品が写真の軽微な構成部分でないため、私的利用のための複製でない限り、原則として著作権者の許諾が必要です。

● おもな著作権の制限規定 …………………………………………

著作物の利用形態	具体例
私的使用目的による複製	テレビを後から観る目的で録画するなど
著作物を付随的に利用する場合など	他人の著作物の写り込み、商品化の検討会議、技術開発の実証実験　など
図書館における複製など	図書館における蔵書のコピーなど
引用	論文などにおける他人の著作物の利用（出典の明示などが必要）
社会福祉目的による利用など	視覚障害者のための書籍の点字化など
営利を目的としない上演など	チャリティーコンサートでの他人の楽曲の演奏など
報道の目的による利用	事件報道での新聞記事への著作物の掲載など
公的機関における利用	裁判所での証拠資料の複製など
芸術品の原作品などの利用	原作品の展示やカタログの作成など
学校教育を目的とする利用	教科書への掲載、授業用プリントの配布、データの配信

　また、著作権者の許諾を得て、たとえば、漫画のキャラクターをマスコット化するに際し、どのように商品化するのかを検討する過程において、企画書などにその漫画のキャラクターを掲載する行為は、検討過程における著作物の利用にあたり、著作権者の許諾は不要です。

　その他、新たな録画機器を開発するにあたって、その性能を確かめるため、放送中のテレビ番組を録画する行為は、著作物に表現された思想や感情の享受を目的としない利用にあたり、録画機器の性能を確かめるのに必要な範囲内であれば、著作権者の許諾は不要です。

・**図書館における複製など**

　図書館に所蔵している書物や資料などの著作物は、調査や研究など営利を目的としていない場合に、著作権者の許諾を得ることなく複製することが認められます。また、国立国会図書館は、絶版などになった資料の内容をデータ化し、他の図書館に送信することができます。

第5章 ● 著作権の制限と著作権侵害・対抗手段

この場合、利用者が営利をを目的としていなければ、国立国会図書館からデータを受信した図書館を通して、著作権者の許諾を得ることなくデータの閲覧や複製を行うことができます。

・引用

　引用とは、報道、批評、研究などをする目的で、公表された他人の著作物の一部に焦点を当てて、これを利用する行為をいいます。たとえば、論文を制作する過程で、他人の論文を批判するため、その他人の論文の一部を利用する場合があてはまります。引用することができる他人の著作物は、公表されているものに限られます。

　さらに、引用にあたっては、出典を明示するなど、通常要求されている方式（公正な慣行）に従うとともに、引用の目的に沿った正当な範囲において引用を行わなければなりません。とくに引用をしている他人の著作物の分量が自らが執筆した分量よりも多いなど、明らかにバランスを欠いた形で引用を行うことは許されません。

・社会福祉目的による利用など

　たとえば、視覚障害者のために、他人の執筆した書籍を点字化するために、他人の著作物をデータ化する行為など、社会福祉目的で他人の著作物を利用する場合は、著作権者の許諾は不要です。

・営利を目的としない上演など

　たとえば、チャリティーコンサートで、他人が制作した楽曲を演奏する場合など、営利を目的とせず、無料で行うイベントなどで、他人の著作物の上演や演奏などをする行為は、上演や演奏などをする人に報酬を支払わない場合であれば、著作権者の許諾は不要です。

・報道の目的による利用

　たとえば、窃盗事件を取り上げる新聞記事において、他人の制作した美術品の写真などが掲載される場合があります。このように、報道の目的で、正当な範囲で他人の著作物を利用する場合は、著作権者の許諾を得る必要がありません。

・**公的機関における利用**

たとえば、裁判所における証拠資料の複製や、情報公開法に基づき開示の対象になる行政機関の文書の複製などについては、それらの手続きに必要とされる範囲で、著作権者の許諾は不要です。

・**芸術品の原作品などの利用**

絵画や写真などの芸術品の所有権者やその所有権者から許可を得た者は、原作品の展示や、解説目的によるカタログなどの作成は、著作権者の許諾を得ることなく行うことができます。ただし、広く人々に開放されている屋外の場所や、広く人々が見やすい屋外の場所に、原作品を継続的に設置する場合は、その原作品の著作権者の許諾が必要です。

学校教育を目的とする場合

著作権法では、学校教育を目的とする著作物の利用について、教育活動が円滑に行われることを支援するため、著作権者の権利を制限する規定を置いています。

具体的には、著作物を教科書などに掲載するにあたっては、著作権者の許諾は不要です。また、授業担当者が授業で使用する補助プリントなどに他人の著作物を掲載する場合も、著作物の大部分を複製するなど、著作権者の権利を侵害する態様でない限り、著作権者の許諾を得ずに行うことができます。

さらに、2018年の著作権法改正により、教育のICT化を促進するため、紙媒体による資料の他、デジタル教材なども同様に、著作権者の許諾を得ることなく著作物を利用できるようになりました。

ただし、予習や復習などの目的で授業以外の場で用いることを想定した資料などに他人の著作物を利用する場合は、教育委員会などの学校機関の設置者が、著作権者に補償金を支払う必要があります。

2 教育現場における 著作物の利用

教育機関における著作物の利用

　学校などの教育機関では、国語の授業において、作家が執筆した小説や評論を題材にすることがあります。その他にも、美術や音楽の授業において、画家が描いた絵画や作曲家が制作した楽曲が授業の題材になります。このように、学校教育においては、他者の著作物を利用することを前提とする教育活動が多いといえますが、私的使用のための複製にあたらないため、著作物の利用に際しては、原則として著作権者の許諾を得なければならないはずです。

　しかし、学校教育における教育活動は、子どもの人格形成を目的に行われる極めて公共性の高いものです。そこで、営利を目的としない教育機関においては、例外的に、著作権者の許諾を得ずに著作物の利用ができる場合があることを、著作権法が規定しています。なお、受験予備校などの営利を目的とする教育機関は対象外であることに注意を要します。

著作権者の許諾が不要になる利用方法

　著作権法では、①授業の教材としてすでに公表された著作物を利用する場合、②試験問題として著作物を利用する場合、③発表用資料やレポートにすでに公表された著作物を利用する場合、④授業外の活動の中で著作物を利用する場合について、著作権者の許諾を得ることなく著作物を利用することができることを規定しています。

① **授業の教材として著作物を利用する場合**

　授業を担当する教員や授業を受ける生徒などは、授業に使用する目的として必要な限度で、他者の著作物を複製することができます。

● 許諾を得ずに著作物を利用するためのおもな条件 …………

① **授業の教材として著作物を利用する場合**
・授業を担当する教員・生徒などがコピーを行うこと
・すでに公表された著作物であること

② **試験問題として著作物を利用する場合**
・試験問題として営利目的以外で他人の著作物を利用すること
　（市販の問題集やドリルを、インターネット上に試験問題として
　　配信する場合は、著作権者の許諾が必要）

③ **発表用資料やレポートに著作物を利用する場合**
・すでに公表された著作物であること
・引用の方法が公正で、正当な範囲内にとどまること

④ **授業外の活動の中で著作物を利用する場合**
・上演・演奏、上映、朗読などのいずれかの利用行為にあたること
・営利目的ではないこと

　たとえば、教員が授業で使用するため、他人が執筆した小説や評論などをコピーして生徒に配布する行為について、小説や評論などの著作権者の許諾は不要です。また、教員が他人の著作物（またはコピーしたもの）を利用して実施している授業を、インターネット配信や衛星中継などによって同時に他の場所に送信を行う場合も、著作権者の許諾は不要です。

　その他、生徒が教育活動の中で、ある出来事を調べたり、物語の内容をまとめたりして授業内で発表する際に、他の生徒や教員に著作物のコピーを配布する場合も、著作権者の許諾は不要です。

② **試験問題として著作物を利用する場合**

　試験問題や営利目的ではない検定などにおいて、小説、評論、新聞記事など他人の著作物を用いた試験問題を作成し、これを出題する場合は、著作権者の許諾は不要です。また、教育活動の ICT 化が進んでいることから、試験問題についても、インターネットを通じて出題する場合があります。この場合も、試験問題に他人の著作物を利用するにあたって、著作権者の許諾は不要です。

第5章 ● 著作権の制限と著作権侵害・対抗手段　　**129**

③　発表用資料やレポートに著作物を引用する場合

　教員が他の教員向けに発表することを目的に行う研究会などにおいて、発表用資料の中で他人の著作物を引用する場合は、著作権者の許諾は不要です。また、生徒がレポートを作成する際に、博物館などの機関が公開しているパンフレットなどの記述を示して自己の考えを記述する場合、パンフレットなどの記述が引用にあたる場合は、著作権者の許諾は不要です。これらの場合は、前述した「引用」の要件を満たせば、著作権者の許諾を得る必要がないことを意味します。

④　授業外活動の中で著作物の上演・演奏などをする場合

　たとえば、学校行事の一環として、文化祭で楽曲の演奏や演劇を上映する場合があります。他には、吹奏楽部の定期演奏会で他人の楽曲を演奏するなど、部活動において他人の著作物を利用する場合もあります。これらの場合は、前述した「営利を目的としない上演など」の要件を満たせば、著作権者の許諾を得る必要がありません。

著作権者の許諾が必要になる利用方法

　学校教育の中で著作権者の許諾を得ることなく著作物の利用ができるのは、あくまで学校教育の公共性を考慮し、著作物の利用形態が著作権者の利益を不当に侵害しないといえる場合に限られます。

　したがって、一般に著作権者の許諾が不要であると考えられる教育活動について、前述した①～④の利用方法であっても、著作権者の許諾を得なければならないケースが存在することに注意が必要です。

①　授業の教材として著作物を利用する場合

　教員が授業の教材として生徒が使用するパソコンにソフトウェアをインストールするなど、多数のパソコンにソフトウェアのコピーをする場合は、著作権者の利益を不当に侵害する理由から、著作権者の許諾を得なければなりません。また、授業の同時配信ではなく、録画した授業の配信を行う場合も、同じ理由から著作権者の許諾が必要です。

その他、同時配信であっても、教室などのメインで授業をしている場所がなく、スタジオからの配信の形式で他者の著作物を利用する場合は、著作権者の許諾が必要になることに注意が必要です。

② **許諾が必要な試験問題として著作物を利用する場合**

市販の問題集やドリルなどを試験問題としてインターネット配信の形式で利用することは、著作権者の利益を不当に侵害するため、著作権者の許諾が必要です。また、終了した入学試験などの試験問題に含まれる他者の著作物をインターネット上に公開することは、試験に必要な範囲とはいえないため、これも著作権者の許諾が必要です。

③ **発表用資料やレポートに著作物を利用する場合**

発表用資料やレポートとして著作物を利用する場合、引用の要件を満たないときは、著作権者の許諾が必要です。たとえば、利用する他者の著作物の分量があまりに多い場合は、正当な範囲という引用の要件を満たさないので、著作権者の許諾が必要になります。

④ **授業外の活動の中で著作物を利用する場合**

たとえば、部活動や定期演奏会などで楽曲を演奏する場合、料金を徴収したり、演奏者に報酬が支払われる場合は、営利を目的としない上演などの要件を満たさないので、著作権者の許諾が必要です。

許諾の手続きの簡素化

著作権者の許諾が必要な場合、個別に著作権者から許諾を得るのが原則です。しかし、前述した「①授業の教材として著作物を利用する場合」のうち、録画やスタジオからの配信は、ICT 教育の充実化・促進化のため、著作権者の許諾を得る手続が簡易であることが求められます。この場合、個別の著作権者に許諾を得るのではなく、文化庁長官が指定する補償金徴収分配団体に対し、国や地方公共団体などの教育機関設置者の代表が補償金を支払うことで、著作物を利用できるしくみが整備されました（2018 年の著作権法改正）。

Q 図書館などが点訳や音訳、拡大写本などをする行為は、複製権を侵害しないのでしょうか。民間団体が行う場合やビジネスとして行う場合は、著作権者の許諾が必要なのでしょうか。

A 図書館などが行う場合は、いずれも複製権を侵害しません。しかし、音訳や拡大写本を民間団体が行う場合は、著作権者の許諾が必要です。

　著作権法は、通常の方法で読んだり聞いたりすることが困難な障害者などについて、特別の配慮をしています。

　点訳とは、著作物を点字により複製することです。たとえば、小説を点字にする行為があてはまります。この場合、点訳する主体に限定はありません。つまり、図書館などに限らず、民間団体やビジネスとして行う場合も、著作権者の許諾を得る必要はありません。

　音訳とは、小説や論文など文献を朗読し、記録媒体に録音することをいいます。図書館などが音訳により著作物を複製することは、複製権の侵害とはなりません。視覚障害者などが著作物に接する機会を充実させるための規定です。そして、音訳をすることができる「図書館など」とは、おもに国立国会図書館、点字図書館、学校図書館、大学図書館をさします。したがって、民間団体やビジネスとして行う場合は、著作権者の許諾がなければ、音訳は複製権侵害となります。

　拡大写本とは、著作物を読みやすい大きさに拡大することをいいます。拡大写本は、視覚障害者などのために行われますが、これも図書館などが行う場合に限り、複製権侵害にあたりません。民間団体やビジネスとして行う場合は、許諾がなければ複製権侵害となります。

> **Q** 図書館などで研究の参考になる文献を見つけたため、コピーしたいのですが、著作権侵害となるのでしょうか。

 図書館などで文献のコピーをするのであれば、一定の要件の下で、著作権者の許諾なく行うことができます。

　図書館などは、私たちの身近な情報入手源として、公共的な役割を担っています。このような図書館などの役割を尊重し、一定の要件の下で、図書館などの文献を複製することが認められています。

　ここで「図書館など」とは、おもに国立国会図書館、点字図書館、学校図書館、大学図書館をさします。そのため、民営の図書館は「図書館など」には含まれません。

　そして、図書館などで文献のコピーをする場合は、①調査研究に役立てるため、②図書館資料の保存のため、③他の図書館の求めに応じて入手困難な図書館資料の複製物を提供するため、のいずれかの目的がなければなりません。このうち、①の調査研究に役立てるための場合は、公表された著作物の一部の複製に限定されます。しかし、発行から相当期間を経過した定期刊行物に掲載されている個々の著作物に限っては、その全部の複製ができます。相当期間を経過した定期刊行物は入手が難しくなる点を考慮した例外です。

　このように図書館の文献のコピーができるとしても、その部数は1人1部までです。何部でもコピーができるとすると、著作権法が複製権を規定した趣旨を失わせかねないからです。たとえば、図書館でコピーした文献を、コンビニでコピーすることは、私的使用目的の複製である場合を除き、著作権者の許諾がなければ許されません。

3 著作権法が認める引用の方法

引用とは

引用とは、自己が制作した著作物の中に、他人の著作物を挿入して利用することをいいます。たとえば、教授が論文を執筆する過程で、他の教授の見解を批判して自分の見解を補強するため、他の教授の見解が執筆した論文の一部を挿入するような場合です。このとき、引用する他人の著作物が外国語で執筆されている場合は、日本語に翻訳して引用することもできます。

著作権法が「引用」という形式で他人の著作物を利用することを認めている理由は、このような場合にまで、著作物の利用について許諾を得なければならないとすると、論文などの制作が困難になり、文化の発展にとって支障になるおそれがあるからです。本来、文化の発展というのは、すでに制作された著作物をもとに、そこから新たな著作物が創作されていく展開が想定されるため、文化の発展を阻害しないためにも引用を認める必要があるということもできます。

引用が適法になるための要件

著作権法では、①すでに公表された他人の著作物を、②公正な慣行に合致し、③引用の目的を果たす上で正当な範囲内で、引用することができると規定しています。つまり、適法な引用であると認められるためには、①〜③の要件をすべて満たすことが必要です。

以下、それぞれの要件を詳しく見ていきましょう。

① 「すでに公表された他人の著作物」とは

引用の対象である他人の著作物は、すでに公開されている著作物に限られます。たとえば、論文を執筆する場合に、市販されている書籍

● 引用とは

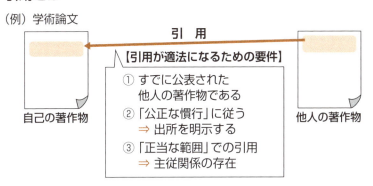

の一部を抜粋し、それを批判する形で、自分が執筆する論文の中で引用することは許されます。しかし、まだ公開されていない他人の論文を引用することはできません。

著作権法では、引用の方法に関して「利用することができる」と規定するのみで、具体的な利用方法を限定していません。引用の典型例は、他人の書籍や論文の一部を抜粋し、自分が執筆する書籍や論文に引用する方法です。その他、美術品や写真などを撮影した写真を自己の書籍や論文に掲載することも、引用の方法にあてはまります。

② 「公正な慣行」とは

引用が「公正な慣行」に従うとは、引用の方法は、従来から認められてきたルールに従わなければならないことを意味します。具体的には、他人の著作物であることを明らかにし、引用している事実を示すことをいいます。これは出所表示と呼ばれています。

たとえば、学術論文に他人の書籍を引用する場合は、本文中に、他人の書籍を引用する部分をカギ括弧で示し、脚注欄に、著作者名、題名・タイトル、出版社名、発行年、引用に用いた文章の該当ページなどを記載します。

以上の形式に従って執筆されていない学術論文は、適切に出所表示がなされていないと判断される可能性が高く、その場合は「公正な慣

行」に反しているとして、著作権侵害とされてしまいます。

そして、「公正な慣行」に従った引用が求められている趣旨は、引用する側の著作物（自己の著作物）と、引用される側の著作物（他人の著作物）とを明瞭に区別することにあります。つまり、他人の著作物であることを示さずに自己の著作物に用いることは、他人の著作物をコピーして利用することを意味します。これは、他人の著作物の複製権を侵害する行為として、著作権侵害行為にほかならないので、自己の著作物の中で他人の著作物を利用した部分を明示し、著作権侵害行為であると判断されることを防ぐ機能があります。

③　「正当な範囲内で」引用するとは

著作権法では「報道、批評、研究その他の引用の目的上正当な範囲内で」引用することを要求しています。したがって、報道、批評、研究の目的に限らず、目的が正当なものであれば、他の目的による引用も許されます。たとえば、知的財産高等裁判所の判決では、絵画の鑑定証書にその絵画のコピーを添付することは、引用の目的として正当であると判断しています。

さらに、引用の目的が正当であるだけではなく、引用の方法も正当であることが要求されています。具体的には、引用する側の自己の著作物が「主」であり、引用される側の他人の著作物が「従」であるという主従関係が要求されています。

たとえば、自己の著作物といいながらも、そのほとんどが他人の著作物を引用したものである場合は、主従関係が逆転しており、著作物を自ら制作したとはいい難いため、正当な方法による引用としては認められません。あくまで自己の著作物が「主」であり、自己の著作物の客観的な正当性を高める目的などから、他人の著作物を「従」として利用する行為が認められているにすぎません。

主従関係の判断に際しては、他人の著作物を引用する分量が重視されます。つまり、引用した他人の著作物の分量が、自分が制作した分

量よりも少ないことが原則として要求されます。ただし、引用した他人の著作物の分量の方が多い場合であっても、他人の著作物と自己の著作物との関連性や、引用の態様などを考慮した上で、正当な方法による引用として認められる余地もあります。

また、他人の著作物の引用は、その一部の引用が原則であり、原則として全部の引用はできません。しかし、俳句や短歌などは、そもそも分量が少ないため、すべてを引用しても、直ちに正当な方法による引用でないと判断されることはありません。

転載について

転載とは、他人の著作物の全部または一部を、前述した「引用が適法になるための要件」を満たさない形で、自己の著作物に利用する行為をいいます。つまり、引用の範囲を超えて他人の著作物を利用する行為です。たとえば、特定の事項に関する調査資料について、他人がわかりやすくまとめた内容を、新聞などにそのまま掲載する場合があてはまります。転載については、他人の著作物の複製にあたるため、著作権者の許諾を得ずに行うと、原則として著作権を侵害する行為にあたります。

著作権者の許諾なく転載が認められる場合

著作権法では、著作権者の許諾を得ずに転載ができる場合として、国や地方公共団体が広く人々に知らせることを目的として制作した資料、調査結果、各種報告書などを、転載禁止の表示がない限り、新聞や雑誌などに転載することを認めています。独立行政法人など、国や地方公共団体と同様の役割を果たす公的機関が制作した資料なども、同様に扱うことができます。これら公的機関が制作した資料などは公共性が高く、人々が内容を知ることが予定されているためです。

> **Q** 国や地方公共団体などの機関が公表している統計や資料を雑誌などに転載するのに許諾は必要でしょうか。

 一定の条件を満たす統計や資料については、許諾を得なくても転載することができます。

　国や地方公共団体などは、国や地方公共団体などの現況や、新たに導入する法制度などを、広く私たちに周知させる目的などから、さまざまな統計や資料を公表しています。そして、国や地方公共団体などが公表している統計や資料も著作物に該当します。したがって、統計や資料を書籍や雑誌に掲載するなどして利用する場合は、国や地方公共団体などの許諾を得る必要があるのが原則です。

　しかし、著作権法では、国や地方公共団体など（独立行政法人などの公的機関を含みます）が作成した著作物のうち、広く人々に内容を周知させる目的で作成された著作物を、説明などの目的で新聞や雑誌などに転載する場合は、国や地方公共団体などの許諾を得る必要がないと規定しています。なお、作成主体が国や地方公共団体などであればよく、印刷などを民間団体が担当していてもかまいません。

　たとえば、国の機関である国土地理院が作成した地図を、ある特定の事実を説明するための客観的な根拠として示す目的で、新聞や雑誌などに転載する行為は、国の許諾なく行うことが認められます。

　これらの統計や資料であっても、とくに「転載禁止」と明記されている場合は、著作権者である国や公共団体などの許諾なく転載すると、著作権侵害（複製権の侵害）にあたります。転載禁止と表示されている統計や資料は、著作権者の許諾を得ない限り、引用の要件を満たす形で利用することが要求されます。

まとめサイトに記載された記事の内容が、他人の著作権を侵害する場合があるのでしょうか。

 情報源の著作権を侵害しているおそれがありますので、引用など適切な取扱いが求められます。

　インターネット上などに存在している情報をもとに、特定のテーマに関する情報を集約して構成しているWebサイトを、一般に「まとめサイト」と呼んでいます。まとめサイトの利用者は、複数のWebサイトを閲覧することなく、特定のテーマに関する情報にアクセスすることができます。まとめサイトの制作者が広告収入を得るしくみも整えられているため、現在では広く利用されています。

　ただし、掲載されている情報がインターネット上などに掲載された他人の著作物である場合は、そのまま掲載（転載）していると著作権侵害（複製権の侵害）にあたります。他人の著作物に多少の改変を加えて掲載する程度であれば、著作権侵害（翻案権の侵害）を免れることができません。

　これらの著作権法違反を防止するには、原則として、著作権者から許諾を得ることが必要になるものの、膨大なインターネット上の情報すべての利用について、著作権者から許諾を得ることは非常に困難だといえます。しかし、まとめサイトで掲載している情報が前述した「引用」にあたるのであれば、著作権侵害にはあたらないと考えられます。具体的には、他人の著作物を掲載している部分と、それ以外の部分とを明確に区別し、他人の著作物を掲載する部分に出典表示をすることなどが要求されます。

> **Q** 自分のホームページ上に、自分が書いた本とあわせて、大好きな作家の方の作品の紹介とその作家の本のカバーを掲載したいのですが、著作権侵害にならないのでしょうか。

> **A** 作品の紹介と本のカバーの掲載に関しては、著作権侵害となる可能性があります。

自分で書いた本の著作者はその人自身です。そのため、他人に著作権を譲渡していない限り、著作者自身が著作権者となります。自分で書いた本の内容をホームページにおいて紹介しても、原則として著作権法上の問題が生じることはありません。

他人の書いた本を紹介する場合も、著作権侵害にならないことがあります。たとえば、その本を読んだ感想を自ら考えた文章で記載したものであれば、著作権侵害とはなりません。しかし、その本の特定のページを写真撮影し、そのままホームページに掲載することは、著作権侵害（複製権と公衆送信権の侵害）となります。

その一方で、他人の書いた本のホームページへの掲載が、前述した「引用」にあたるのであれば、著作権侵害となりません。たとえば、他人の本を紹介するにあたり、その本のよいと思う部分について、カギ括弧を使って書き写し、それがホームページでの紹介文の従たるものといえる場合には「引用」にあたります。つまり、ホームページの紹介文が「主」であり、他人の本が「従」であることが必要です。

本のカバーについては、その本を紹介するため、個性を発揮して制作されており、原則として著作物にあたるといえます。したがって、本のカバーの著作権者の許諾がなければ、その写真をホームページに掲載すると著作権侵害となります。ただし、これも「引用」にあたるのであれば、許諾がなくても著作権侵害となりません。

> **Q** 友人のメールを許諾なく自分のブログに掲載しました。これは著作権侵害にはならないのでしょうか。また、有名人が送信したファン向けの一斉メールとの間で違いはあるのでしょうか。

> **A** 個人間のメールも著作物になる場合があります。その場合、無断掲載は著作権侵害となります。これは有名人による一斉メールであっても変わりありません。

　著作物は、人の思想や感情を創作的に表現したものです。友人からのメールであっても、それが友人の思想や感情を創作的に表現したものであれば、著作物にあたります。メールが著作物となる場合、著作権者である友人の許諾なく、その内容をブログに掲載することは、著作権侵害となります。これは、メールの送信者が有名人であっても変わりません。メールが送信者の思想や感情を創作的に表現したものであれば、送信者が友人であっても芸能人であっても、著作物にあたります。著作物になる以上、著作権者の許諾なくブログに掲載することは、著作権侵害にあたるのです。

　もっとも、引用の要件を満たすことができれば、メールの著作権者の許諾なく、その内容をブログに掲載することができますが、引用といえるためには、引用する他人の著作物が「公表された著作物」でなければなりません。そして、一般にメールは受信者以外に公表されることを予定していないため、公表された著作物にあたりません。したがって、メールは引用の要件を満たすことができません。

　以上から、他人からのメールをブログに掲載することは、著作権侵害になる可能性があります。メールが著作物にあたらなくても、個人間のメールを公表すると、プライバシー侵害になる可能性がありますから、メールを無断で掲載することは避けなければなりません。

4 どんな場合に盗用となるのか

どんな場合に著作権侵害となるのか

　著作物について、最も多い著作権侵害の形態は、複製権の侵害であるといえます。たとえば、他人が制作した文章を模写するのが複製の典型例です。複製の方法として、コピー機を用いた場合は、当然ながら複製にあたりますが、手書きで写しとった場合や、パソコンに入力した場合も、内容が模写されていれば複製にあたります。

　さらに、他人の文章の完全なコピーでなくても、わずかな部分を変更したのみで利用したときも複製にあたり、著作権者に無断で行うと著作権侵害にあたることに注意が必要です。元の著作物と完全に同一である場合だけでなく、元の著作物の本質的な特徴の同一性が維持されている場合も複製にあたるからです。たとえば、元の文章で「ということだ」と記載されている部分を、「ということです」と書き直す程度では、元の文章の本質的な特徴の同一性が維持されており、元の文章を複製したものに過ぎないと判断されます。

　なお、元の著作物に変更を加えたことが、元の著作物の著作者の意図に反する改変にあたる場合は、著作者人格権としての同一性保持権を侵害すると判断されます。

盗用とは

　現在は、パソコンやスマートフォンの普及により、文章や写真をはじめとする著作物の制作が容易になっています。その一方で、パソコンやスマートフォンを用いた著作権侵害行為も容易になり、著作権侵害が横行しています。とくに論文などの文章については、他人が書いた文章を自己の文章の中で用いる盗用（剽窃ともいいます）が問題視

● どんな場合に盗用となるのか

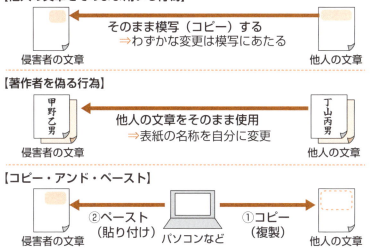

されています。盗用は複製権または翻案権の侵害にあたります。

　盗用の手段としては、他人の文章であることを明示せず、その文章を自分の文章の中で用いる行為や、著作者を偽って自分の文章として用いる行為などが挙げられます。その他、インターネット上で公開されている文章や、その他のデータ化された文章について、必要な部分を選択してコピーを行い、貼り付け機能を利用することによって、自分のデータ化された文章の中で用いる**コピー・アンド・ペースト**（コピペ）と呼ばれる行為も、盗用の手段として行われています。それぞれの盗用について詳しく見ていきましょう。

① 他人の文章をそのまま用いる行為

　他人の文章をそのまま用いる行為は、原則として著作権侵害にあたります。しかし、著作権者の許諾を得ることで、著作権侵害を免れることが可能です。盗用の対象になる他人の文章について、その長短は関係ありません。短い文章であっても、そのまま自分の文章の中で用いるのは、著作権侵害にあたります。短い文章の中でも、著作者の個

性が発揮されている以上、著作物として保護を与えるべきだからです。そのため、複数の人の文章を抜粋し、それらを並べ変えて別の文章を制作したようにみせても、それぞれの文章との関係で著作権侵害が認められることになります。ただし、ありふれたフレーズであって、誰が書いても変わらないような表現の抜粋にとどまる場合は、著作権侵害にあたりません。

② **著作者を偽る行為**

著作者を偽る行為は、他人の書いた文章に自己の名称を付けて、自分の文章であると偽る行為をいいます。たとえば、他人が執筆した論文やレポートの表紙に自己の名称を付けて、自分が論文やレポートの執筆者であると偽る場合が挙げられます。

③ **コピー・アンド・ペースト**

インターネットなどのコンピュータ技術の普及にともない、とくに横行している手段が、コピー・アンド・ペーストによる著作権侵害行為です。

コピー機を用いた複製の場合、コピー機があるコンビニなどに向かい、それを操作する作業が必要になります。これに対し、コピー・アンド・ペーストは、手元にあるパソコンやスマートフォンなどを用いて、他人の文章の該当箇所を選択してコピーを行い、それを自分の文章に貼り付けるだけでよいため、極めて短時間で、大量に他人の文章を利用することが可能です。その手軽さから気軽に行ってしまいがちですが、著作権侵害行為であるという認識を持つ必要があります。

▌無断転載について

著作権侵害行為は、おもに自分の文章の中で、他人の文章を、他人の文章であることを明示せずに利用する行為が中心でした。

これに対し、転載とは、他人の文章であることを明示した上で、自分の文章の中で用いる行為をいいます。他人の文章であることを明確

にしているため、これまで見てきた盗用よりも悪質性が低く、許容される行為であると考える人も少なくありません。

しかし、著作権侵害にあたるか否かは、基本的に著作権者の許諾を得ているか否かによって判断されます。つまり、他人の文章であることを明示していても、著作権者の許諾を得ずに転載する行為は、著作権侵害に該当します。

他人の文章を許諾がなくても適法に利用するためには、著作権法にいう「引用」の方式をふまえることが要求されています。引用にあたらない形で、他人の文章であることを明示した上で利用しても、原則として著作権侵害にあたることに注意が必要です。

著作権侵害行為かどうかの判断基準

著作権侵害行為（複製権または翻案権を侵害する行為）であるか否かは、侵害者の側に著作権侵害の認識があるか否かによって異なります。具体的には、すでに存在する著作物と同様の著作物を偶然に制作した場合は、著作権侵害が否定されます。著作権は登録などの手続きがないため、すでに存在する著作物と同様であるか否かを事前に調査することは不可能だからです。

しかし、侵害者の内心を客観的に評価することは困難であるため、著作権法では、著作権侵害行為にあたるか否かを、①元の著作物に依拠していたか否か（依拠性）、②元の著作物と類似しているか否か（類似性）の２つの観点から判断することにしています。たとえば、ある書籍が他人の書籍の盗用との疑いがある場合、事前に他人の書籍を読む機会があったときは、他人の書籍への依拠性があると判断されやすくなります。さらに、他人の書籍に用いられている独特の表現を使っている場合は、他人の書籍との類似性があると判断されやすいといえます。そして、①②の双方があると判断される場合は、偶然に一致したとはいい難く、著作権侵害が肯定されやすくなります。

第5章 ● 著作権の制限と著作権侵害・対抗手段　　**145**

5 パブリシティ権

どんな場合に問題になるのか

テレビＣＭで好きな芸能人がおいしそうに飲み物を飲んでいる姿を見たら、その飲み物を飲んでみたいと思うでしょう。ある芸能人がテレビでお菓子をおいしそうに食べていたところ、そのお菓子を取り扱っている会社のホームページにアクセスが殺到するということも実際に起きています。このように、ある人の氏名や肖像によって、商品の販売などを促進する力のことを顧客吸引力といいます。

たとえば、商品Ａが芸能人Ｘの顔写真が入ったパッケージで販売されていることから、多くの消費者の関心を呼び、販売数を増やしていたとします。そこで、芸能人Ｘの顧客吸引力を利用する目的で、無断で同じ芸能人Ｘの顔写真の入ったパッケージを使って、商品Ｂを販売したとします。これにより、商品Ａの販売者の了解も得ずに、商品Ｂの販売者は、芸能人Ｘの顧客吸引力で儲けを出すことができてしまいます。また、芸能人Ｘは、自己の了解を得ずに、商品Ｂの販売者が自己の写真を使用するのを許さなければならないのでしょうか。このような場合に、パブリシティ権や肖像権の侵害が問題となります。

パブリシティ権、肖像権とは

パブリシティ権とは、顧客吸引力を排他的に利用する権利のことをいいます。前述の例にあるように、商品のパッケージに芸能人の顔写真を利用して、その商品の販売を促進する権利は、パブリシティ権にあたります。パブリシティ権は著作権法に規定されていません。最高裁判所の判決の積み重ねによって生み出された権利です。

肖像権とは、みだりに容貌・姿態を撮影されない権利のことをいい

● パブリシティ権

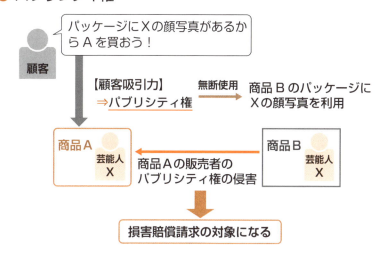

ます。肖像権も著作権法に規定されておらず、これも最高裁判所の判決の積み重ねにより認められるようになった権利です。

著作権侵害にあたる場合とあたらない場合がある

　パブリシティ権は著作権法上の権利でないため、著作権侵害とはなりません。しかし、最高裁判所の判決によると、①肖像などそれ自体を独立して鑑賞の対象となる商品として使用し、②商品の差別化を図る目的で肖像などを商品に付けて、③専ら肖像などが持っている顧客吸引力の利用を目的としている場合は、パブリシティ権の侵害として損害賠償請求が認められる可能性があります。肖像権についても、著作権法上の権利ではないため、著作権侵害とはなりませんが、肖像権の侵害に対する損害賠償請求が認められる可能性はあります。

　もっとも、商品販売のため、芸能人の許諾を得て写真撮影をした場合は、その写真が著作物にあたるため、著作権者の許諾なく転載などをすると著作権侵害になります。

Q ホームページ、ブログ、SNSに他人の制作した記事や写真を無断で掲載する行為は、どこまで許されるのでしょうか。

A インターネット上に他人の書いた記事や写真を無断で掲載する行為は、原則として著作権侵害になります。

　インターネットが普及している現在は、多くの人々に向けて表現することが容易な環境が整えられています。とくにホームページ、ブログ、SNSには、誰でも気軽に記事や写真を掲載することができます。

　このように掲載された記事や写真であっても、それが人の思想や感情を創作的に表現したものであれば、著作物にあたります。著作物にあたる場合には、素人の写真や記事であるからといって、無断で掲載することは著作権法上の問題になります。

　他人の記事や写真が著作物にあたる場合、その記事や写真を無断で掲載すると、著作権者の複製権の侵害にあたります。もっとも、著作物の複製については「私的使用のための複製」の例外があります。しかし、インターネット上のホームページなどに掲載すると、誰でも自由に閲覧することができる状態になるため、私的使用のための複製の例外は適用されません。これを著作権者に無断で行っていれば、公衆送信権の侵害にあたります。

　しかし、すべての掲載が著作権侵害になるとは限りません。つまり、著作権法が定める「引用」にあたる場合は、他人の記事や写真を無断掲載しても著作権侵害とはなりません。適法な引用として認められるには、引用する自分の著作物と引用される他人の著作物とを明瞭に区別した上で、他人の著作物の出所明示をすることが必要です。たとえば、ブログに掲載する自分の記事の中に他人の記事を用いる場合、他人の記事にカギ括弧をつけて両者を区別し、その出所（ホームページ

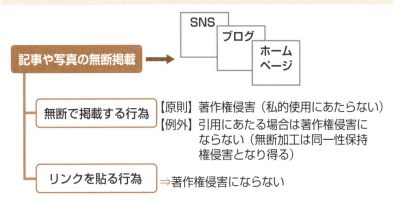

のURLなど)を示します。これに加え、自分の記事が「主」、他人の記事が「従」の関係であることも必要です。

また、ホームページなどに、他人のホームページなどへのリンクを掲載した場合、リンクをクリックすると、他人のホームページなどに自動的に移動します。しかし、他人のホームページなどを掲載しているわけではないため、リンクを掲載する行為は、著作権侵害にあたりません。

●記事や写真を加工して無断掲載した行為

著作者は、自ら制作した著作物の同一性を保持する権利を有しています(同一性保持権)。たとえば、写真の撮影者は、自分の意向に反して、その写真の一部分だけを切り取って使用されることを拒否することができます。とくに写真の不要部分を切り落とすことをトリミングといいますが、トリミングなどの加工は、それが著作者の意向に反するときに、著作者の同一性保持権を侵害します。

注意すべきなのは、引用の要件を満たしても、同一性保持権など著作者人格権の侵害は免除されないことです。他人の著作物を引用するときは加工を行わないなど、著作者人格権への配慮が必要です。

第5章 ● 著作権の制限と著作権侵害・対抗手段

> **Q** ブログの記事やネットオークションで出品する商品や美術品を写真撮影する行為は著作権侵害にあたるのでしょうか。

 ブログ記事とは違い、ネットオークションの場合は著作権侵害にならない場合があります。

　商品それ自体が著作物でない場合、ブログ記事に商品の写真を掲載する行為は、それが自ら撮影した写真であれば、基本的には著作権侵害にあたりません。しかし、商品のパッケージにイラストや写真が使用されている場合があり、イラストや写真は「写真の著作物」にあたると考えられます。そのため、商品に使用されているイラストや写真が写るように撮影し、撮影した商品の写真をブログ記事に掲載することは、著作権侵害（複製権と公衆送信権の侵害）にあたります。

　また、家具や電化製品などそれ自体は著作物でなくても、他人が撮影した写真をブログ記事に掲載した場合は、写真が他人の著作物にあたるため、著作権者の許諾がなければ著作権侵害となります。写真の構図などに撮影者の個性が発揮されているからです。

　これに対し、美術品は「美術の著作物」であるため、美術品をブログ記事に掲載する行為は、著作権者の許諾がなければ著作権侵害となります。この点が著作物とならない余地がある商品と異なります。

　では、イラストや写真が使用されている商品の写真や、美術品の写真を、ネットオークションに掲載する場合は、同様に著作権侵害の問題が生じるのでしょうか。

　著作権法では、ネットオークションに「写真の著作物」または「美術の著作物」の写真を掲載する場合、画像を一定以下の画素数にするなど、著作権者の利益を不当に害しないための措置を講じて、それらを写真に撮影し、ネットオークションサイトに掲載して出品すること

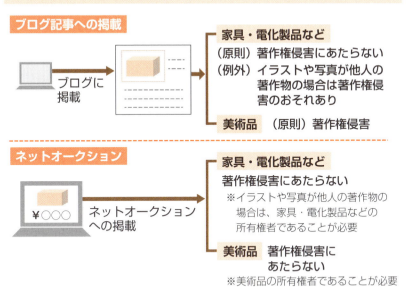

を認めるという例外を規定しています。ただし、これを行うことができるのは、写真・美術の著作物の所有権者に限定されます。所有権者でない人は、著作権者の許諾がなければ、写真・美術の著作物の写真をネットオークションに掲載することができません。

したがって、イラストや写真が使用されている商品の所有権者や、美術品の所有権者は、著作権者でなくても、これらの写真（画素数を抑えるなどの措置が必要です）を撮影し、その写真をネットオークションサイトに掲載することができます。これにより、写真や美術の著作物の円滑な流通を確保しようとしています。

一方で、ネットオークションサイトに掲載する商品や美術品の写真が他人の撮影したものである場合は、その写真の著作権者の許諾が必要です。紹介用の写真はオークションの出品物ではなく、上記の例外が適用されないからです。

第5章 ● 著作権の制限と著作権侵害・対抗手段　151

> **Q** 街中で友人と記念に写真を撮影したところ有名な映画のポスターが写り込んでいました。この写真をブログに掲載した場合、著作権侵害となるのでしょうか。

 そのポスターが付随対象著作物にあてはまれば、許諾なく掲載ができます。

　街中で写真を撮影した場合、他者の著作物が写り込むことがあります。街中で撮影した写真は、撮影者自身の著作物ですが、写り込んだ映画のポスターは、他人の著作物です。他人の著作物である以上、その著作権者の許諾なく、ポスターが写り込んだ写真をブログに掲載すると、著作権侵害（複製権と公衆送信権の侵害）となります。

　しかし、たまたま写り込んだ著作物が存在する自己の写真を利用する場合に、原則として著作権者の許諾が必要とすると、撮影した写真の利用が著しく阻害されてしまいます。

　著作権法では、写真撮影やビデオ撮影の方法で著作物を創作するにあたって、写真やビデオに入り込む他の著作物が「附随対象著作物」にあたる場合は、附随対象著作物の著作権者の利益を不当に害しない範囲内で、付随対象著作物を複製・翻案することや、創作した著作物を利用することについて、附随対象著作物の著作権者の許諾が不要であることを規定しています。したがって、映画のポスターが付随対象著作物に該当すれば、写真撮影をする際に、映画のポスターが写り込んでも著作権侵害にあたらず（写真撮影それ自体が「複製」または「翻案」にあたります）、写り込んだ写真をブログに掲載することができます（ブログへの掲載が「利用」にあたります）。

●附随対象著作物になるための要件

　附随対象著作物として認められるには、写真撮影やビデオ撮影（動

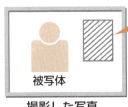

画撮影）の方法による著作物の創作時の状況に照らし、その著作物との分離が困難である他人の著作物であることが必要です。

　たとえば、街中で写真撮影をする際に、映画のポスターが写り込んだ場合には、映画のポスターの部分のみ切り落とすか、画像処理をすることで、映画のポスターを消去することが比較的容易であると考えられます。この場合は分離が困難といえず、映画のポスターは付随対象著作物にあたりません。ただし、切り落としや画像処理をすると写真の内容自体が変化してしまう場合は、分離が困難であって、この要件を満たすといえます。その他、ビデオ撮影の際に音楽が入り込んだ場合は、分離が困難と認められる場合が多いでしょう。

　さらに、写真撮影やビデオ撮影の方法によって作成される著作物において、その著作物に入り込んだ他人の著作物が軽微な構成部分にとどまることも必要です。たとえば、創作した写真の大部分が映画のポスターである場合は、映画のポスターが軽微な構成部分といえず、この要件を満たしません。しかし、街中でビデオ撮影をしたところ、他人の楽曲の一部が音声として入り込んだ場合は、楽曲が軽微な構成部分であるため、この要件を満たすと判断されます。

6 漫画の著作権

漫画のキャラクターは著作物にあたるのか

　著作物にあたるかどうかは、人の思想や感情が創作的に表現されているかどうかによって判断します。それでは、漫画に登場するキャラクターは著作物にあたるのでしょうか。

　漫画には個性的・魅力的なキャラクターが数多く登場します。読者の中にはキャラクターのファンになり、その漫画を愛読している人もいると思います。しかし、漫画のキャラクターが著作物にあたるとすれば、見た目がまったく異なる登場人物を描いても、その登場人物のイメージが漫画のキャラクターと類似することを理由に、著作権侵害となる可能性があります。

　この点について、最高裁判所の判決では、漫画のキャラクターについて、漫画の具体的表現から昇華した登場人物の人格ともいうべき抽象的概念であることから、漫画のキャラクターそれ自体は思想や感情を創作的に表現したものではないと判断しました。そのため、漫画のキャラクターは著作物にあたりません。

　しかし、注意すべきなのは、漫画のキャラクターは著作物にあたりませんが、具体的に表現された漫画は、作者の思想や感情を創作的に表現したもので、著作物にあたることです。つまり、キャラクターが描かれた漫画それ自体は著作物にあたり、著作権が及びます。

著作権者に無断で漫画を利用するとどうなるのか

　著作権者に無断で、漫画をコピー機などでコピーした場合は、複製権の侵害にあたります。さらに、コピーした漫画をインターネット上に公開した場合は、公衆送信権の侵害にもあたります。

● 漫画の著作権

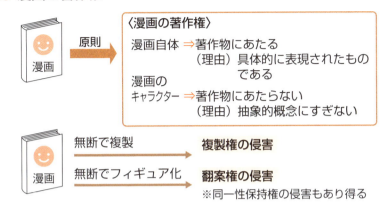

　では、漫画を手書きで書き写した場合は、複製権の侵害にあたるのでしょうか。漫画の上に半透明の紙を置いて正確に書き写す（トレース）ようなことをしない限り、手書きの場合はまったく同じ絵柄にはなりません。しかし、元の漫画と細部まで一致していなくても、元の漫画に依拠しており（依拠性）、元の漫画であると気付くほどに書き写されている（同一性）場合は、手書きで書き写した絵柄であっても、複製権の侵害であると判断されます。

　また、漫画のキャラクターのフィギュアを作成し、または漫画の実写化映画を撮影する場合はどうでしょうか。これらの場合、漫画の複製にはあたらないものの、翻案にはあたると考えられます。

　翻案とは、元の著作物に依拠し、その本質的な特徴を維持しつつ、新たに思想や感情を創作的に表現することで、別の著作物を創作することをいいます。著作権者には翻案権があり、著作物の翻案をする権利を独占しています。そのため、漫画の著作権者の許諾を得ずにフィギュア作成や映画化を行うと、翻案権の侵害にあたります。

　さらに、フィギュア作成や映画化は、元の著作物の改変にもあたることから、それが著作者の意向に反する改変である場合は、著作者人格権のひとつである同一性保持権の侵害にもあたります。

商品開発の段階で漫画やアニメのキャラクターを利用することは著作権侵害にあたるのでしょうか。

 原則として著作権侵害にあたります。しかし、検討段階における利用にあたる場合は、著作権侵害にあたりません。

　たとえば、ペットボトルのジュースにキャラクターが印刷されているものを、コンビニエンスストアなどで見かけると思います。このような商品は、どのキャラクターを利用するのかを、開発段階において会社内で検討しています。そして、会社内で検討する行為は、著作物を私的使用するものとはいえず、著作権者の許諾が不要である「私的使用のための複製」の規定が適用されません。

　しかし、検討段階における著作物の利用を、著作権者の許諾がない限りすべて著作権侵害としてしまうと、新しい商品の開発を阻害する可能性があります。そのため、著作権法では「検討過程における利用」について著作権者の許諾を不要とする例外を規定しました。

　検討過程における利用として認められるには、著作権者の許諾を得て著作物を利用しようとする人であることに加え、検討過程において必要な限度で著作物を利用していることが必要とされています。

　このような要件を満たせば、どのキャラクターを利用するのかを検討する過程で、漫画のキャラクターをコピー（複製）したものや、アニメのキャラクターをイラスト化（翻案）したものを、会社内の会議で配布することができます。

　ただし、検討過程において複製・翻案したものを、検討以外の目的で利用する場合は、著作権者の許諾が必要です。たとえば、キャラクターが印刷された検討段階の商品を会社外の人に配布することは、検討以外の目的による利用にあたります。

社内研修や会議で新聞や雑誌の記事を利用することは著作権侵害にあたるのでしょうか。

 著作権者の許諾または日本複製権センターとの許諾契約の締結がなければ、著作権侵害にあたります。

　会社内において、社内研修や会議で配布するため、新聞や雑誌の記事をコピーすることがよくあります。新聞や雑誌の記事も著作物にあたるため、原則として著作権者の許諾を得なければ、このような利用は著作権侵害となります。

　著作権者の許諾が不要である「私的使用のための複製」は、個人的に利用するためでなければなりません。そのため、社内研修や会議における著作物の利用は、私的使用のための複製にあたりません。

　しかし、学校などの教育機関において、教育目的で著作物を利用する場合は、例外的に著作権者の許諾は不要です。一方で、社内研修は営利を目的とする会社が行うものであるため、この例外が適用されません。したがって、原則どおり著作権者の許諾が必要です。

　以上から、社内での会議に限らず、社内研修であっても、新聞や雑誌の記事などを利用する場合は、個別の記事ごとに、著作権者の許諾を得ることが必要になります。

　ただし、新聞や雑誌などの著作権を集中管理する「日本複製権センター」と包括的複製利用許諾契約を締結すれば、日本複製権センターが管理している著作物に限定されますが、個別に著作権者の許諾を得る必要がなくなります。日本複製権センターは、新聞や雑誌などの著作権者から委託を受け、著作物の管理事業などを行っています。そのため、日本複製権センターと包括許諾契約を締結すれば、社内研修や会議において、新聞や雑誌などを利用することができます。

> **Q** 塾や予備校の授業用の教材や模擬試験の問題の素材として著作物を扱う場合の法律問題について教えてください。学校などの教育機関とは扱いが違うのでしょうか。

 塾や予備校は、営利を目的とするので、学校などの教育機関を対象とする著作権の制限が適用されません。

　教育機関における著作物の利用は、授業実施のために著作物を利用する場合と、試験問題として著作物を利用する場合とに分けて考える必要があります。

　まず、授業実施のために著作物を利用する場合を考えます。たとえば、授業において小説の一部分をコピーして配布する行為が、この場合にあたります。学校その他の教育機関は、授業実施のために著作物を複製などする場合、著作権者の許諾を得る必要はありません。

　しかし、ここでの「学校その他の教育機関」は、学校教育法に定められた小学校、中学校、高等学校、高等専門学校、大学などをさすのであって、営利を目的として設置された塾や予備校といった民間教育機関は含まれません。したがって、塾や予備校が授業実施のために著作物をコピーして配布することは、著作権者の許諾がなければ著作権法違反にあたります。

　次に、試験問題として著作物を利用する場合を考えます。試験問題の作成において気をつけなければならないのは、その内容が事前に受験者に漏れてしまうことです。たとえば、国語の試験で小説の一部分を使って問題を作成したとします。この場合、事前に著作権者の許諾を得なければならないとすれば、著作権者は小説が試験に使われることを事前に知ることができ、著作権者がこれを周りに教えると、問題が漏えいしてしまいます。こうなると試験が成り立たなくなります。

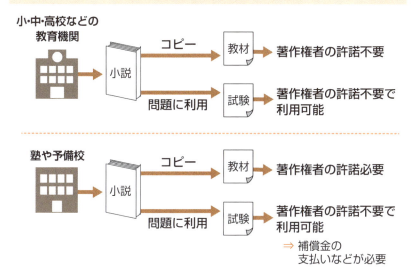

　著作権法では、入学試験、資格試験、各種検定を実施するのに必要と認められる限度で、著作権者の許諾なく著作物を複製することを認めています。そのため、入学試験などの問題として小説の一部分を利用する場合、著作権者の許諾を得る必要はありません。

　しかし、ここでも営利目的の例外があり、営利目的で試験・検定のために著作物を複製をする場合は、通常の使用料相当額の補償金を著作権者に支払わなければなりません。たとえば、大学入試の対策として、塾や予備校が受験生を広く集めて模擬試験を実施することがあります。模擬試験については、事前に問題が漏えいすると成り立たなくなる点で、入学試験などと共通します。一方で、塾や予備校が受験料を取って実施するものであるため、営利目的で試験・検定を行っているといえます。したがって、塾や予備校の模擬試験において、著作物を複製して問題を作成する場合は、その著作権者に補償金を支払わなければなりません。

7 著作権侵害行為と法的責任

著作権侵害行為とは

　一般に**著作権侵害行為**とは、①他人の著作物に依拠し（依拠性）、②それと同一の著作物または類似する著作物（類似性）を利用することをいうと定義されています。この定義は著作権侵害行為の多くが複製権や翻案権の侵害であることを踏まえたものです。以下、著作権侵害行為にあたるか否かの基準を、詳しく見ていきましょう。

① 依拠性とは何か

　他人の著作物に**依拠**しているとは、問題となっている著作物の利用に際して、他人の著作物に接する機会があったことをいいます。そのため、他人の著作物に侵害者がアクセスすることができたか否かが問題になります。たとえば、他人の著作物として存在する絵画を知った上で、それを同一の絵画を描く行為があてはまります。

　しかし、他人の著作物と結果的に同一または類似の著作物を制作したとしても、他人の著作物が存在することを知らず、偶然に同一または類似の著作物を制作した場合は、依拠性の要件を満たさず、著作権侵害行為にあたりません。著作権は著作物を制作するのと同時に発生するもので、特許権や商標権などとは異なり、登録手続きが不要であるため、同一または類似の著作物が存在しているのか否かを、あらかじめ調査することには限界があるためです。

② 類似性とは何か

　他人の著作物に接する機会があって、それと**同一**の著作物を制作した場合、著作権者の許諾がなければ、複製権の侵害として著作権侵害行為にあたることは明確です。しかし、他人の著作物と似たような著作物を制作する行為については、著作権侵害行為にあたるかどうかが

● おもな著作権侵害行為

	類型	要件・具体例
侵害行為	他人の著作物に依拠して、同一または類似した著作物の複製・翻案などの利用行為	・他人の著作物への依拠 （例）他人の絵画と知って模写する ・他人の著作物と同一または類似 （例）書など作者の独自性が表れている部分の模倣
みなし侵害行為	著作権侵害にあたる物の輸入	邦画の海賊版 DVD の輸入など
	著作権侵害品の頒布目的での所持や輸出など	著作権侵害品の販売・頒布目的での所持・頒布の申し出、業務上著作権侵害品の輸出・輸出目的での所持
	著作権侵害のプログラムの著作物の業務上使用行為	著作権侵害のソフトウェアの業務における使用
	権利管理情報の付加・除去・改変行為	CD・DVDへの電子透かしの付加や、その除去・改変など
	著作者の名誉・声望を害する方法による著作物の利用行為	絵画をポルノ店の看板に使用する行為など
	アクセスコントロールの回避	アクセスコントロールを除去して、著作物を視聴する行為など

争いになるケースが多く、この場合は、他人の著作物と類似しているかどうかによって判断されます。

　類似とは、他人の著作物において著作者の個性が発揮されている部分が、問題になっている著作物にも存在することをいいます。他人の著作物と似ている部分が、その著作物の著作者の個性が発揮されている部分でなければ、類似性があるとは判断されません。

　たとえば、A風景画との類似性が争われているB風景画がある場合、両者の似ている部分が背景の小さな建物にすぎなければ、その部分はA風景画の作者の個性が発揮されたものとは言い難く、B風景画はA風景画と類似していないと判断されます。反対に、A風景画の中心的な部分が似ている場合は、作者の個性が発揮された部分の類似である

ため、B風景画はA風景画と類似していると判断されます。

みなし侵害行為について

著作権法では、著作権侵害行為以外にも、おもに以下の行為を著作権侵害とみなす行為（みなし侵害行為）として規定しています。

① **著作権侵害にあたる著作物の輸入**

国内で制作された場合に著作権侵害が認められる物を輸入する行為が著作権侵害とみなされます。たとえば、海外で制作された邦画の海賊版DVDを輸入する行為があてはまります。

ただし、この輸入行為が著作権侵害とみなされるためには、輸入した物を広く頒布（譲渡や貸与など）する目的が必要です。著作権侵害が認められる物を輸入しても、自分で使用する目的にとどまれば、著作権侵害行為にあたりません。

また、海外で制作された時点で著作権者の許諾を得ていた場合は、その制作された物が著作権侵害行為にあたらないため、これを頒布目的で輸入しても著作権侵害行為とはいえません。

② **著作権侵害品の頒布目的での所持や輸出など**

著作権侵害品について、販売するなどの頒布行為、頒布目的で著作権侵害品を所持する行為、頒布を申し出る行為は、著作権侵害行為とみなされます。その他、利益を得る目的で繰り返し著作権侵害品を輸出する行為や、著作権侵害品を輸出する目的で所持する行為も、同様に著作権侵害とみなされます。ただし、頒布・輸出する物が著作権を侵害するものであることを知っていたことが必要で、知らなかった場合は、そのことに落ち度があっても著作権侵害行為にあたりません。

③ **著作権侵害のプログラムの著作物の業務上使用行為**

著作権侵害品を視聴・鑑賞するなど自ら使用する行為は、著作権侵害行為にあたらないのが原則です。しかし、パソコンのソフトウェアなどは、使用する行為自体が多大な利益を生み出すことから、プログ

ラムの著作物に関しては、著作権侵害品であることを知ってプログラムの使用権原を取得した上で、利益を得る目的で繰り返し使用する行為が、著作権侵害行為とみなされます。

④　**権利管理情報の付加・除去・改変行為**

　権利管理情報とは、CD や DVD などのデジタルコンテンツに埋め込まれた、著作権者の情報や著作物の利用条件などに関する情報をいいます。埋め込みには電子透かしなどの技術が用いられます。電子透かしをしておくと、デジタルコンテンツが複製された場合、それが複製物であることが明らかになるため、違法な複製物の流通を防ぐことができます。そして、著作権者が示していた権利管理情報に新たな情報を付加する行為や、権利管理情報の除去や改変をする行為は、著作権侵害行為とみなされます。

⑤　**著作者の名誉・声望を害する方法による著作物の利用行為**

　ある絵画について無断でポルノ店の看板に使うなど、著作者の名誉または声望（名声と人望）を害する形で著作物を利用する行為は、著作者人格権の侵害行為とみなされます。

アクセスコントロールの回避について

　以前から著作物のコピーを制限する技術的措置を外す行為は、複製権を侵害する行為として規定が置かれていました。さらに、2018 年12 月 30 日発効の TPP11 協定にともなう著作権法改正では、コピーだけでなく、アクセスコントロールの回避も著作権侵害行為にあたることになりました。

　アクセスコントロールとは、著作物に技術的措置を施し、視聴や鑑賞などを制限する措置のことで、おもに購入者以外による楽曲や映像の視聴や鑑賞などを制限するために使用されています。アクセスコントロールを除去して、著作物の視聴や視聴などする行為自体が著作権侵害行為にあたります。

第5章　● 著作権の制限と著作権侵害・対抗手段　**163**

8 著作権侵害への対抗手段

侵害行為への民事上の対抗手段

著作権侵害行為に対し、著作権者が行うことのできる対抗手段は、民事上の対抗手段と刑事上の対抗手段とに分かれますが、ここでは民事上の対抗手段を見ていきます。民事上の対抗手段は、著作権侵害行為の停止や予防の請求（差止請求）、金銭支払いによる損害の補てんの請求（損害賠償請求）が基本になります。なお、差止請求や損害賠償請求は、著作権者に限らず、著作者人格権を侵害された著作者や、著作隣接権を侵害された著作隣接権者なども行使可能です。

差止請求

差止請求とは、著作権侵害行為をする人や、著作権侵害行為をするおそれがある人に対して、著作権者が、著作権侵害行為の停止や予防を請求することをいいます。

① 侵害の停止請求

侵害の停止請求とは、すでに行われている著作権侵害行為の停止を求めるものです。侵害の停止請求が認められるためには、著作権侵害行為の事実が客観的に存在することが必要ですが、侵害者に著作権を侵害することについての故意または過失は不要です。

しかし、侵害の停止請求を過度に認めることは、他人の自由な創作活動に対する支障になるおそれがあるため、著作権侵害行為が存在していても、侵害の停止請求が認められない場合があります。地方裁判所の判決では、約200枚の写真集の中で1枚の写真のみが他人の著作権を侵害している場合、差止請求権を行使し、侵害の停止請求をするのは権利濫用にあたり許されないと判断したものがあります。

● 著作権侵害への民事上の対抗手段 ……………………………

著作権侵害に対する民事上の対抗手段

- **差止請求**
  - **停止請求**：すでに行われている著作権侵害行為の停止を求める
  - **予防請求**：著作権侵害行為の蓋然性が高い場合に、その行為をしないよう求める
  - ※停止請求・予防請求とあわせて付随的な請求もできる
- **損害賠償請求**：著作権者が被った損害に対する賠償を求める
  - ※損害額について、著作権者の負担を軽減する推定規定あり
- **不当利得返還請求・名誉回復に必要な措置の請求**

② 侵害の予防請求

　侵害の予防請求とは、著作権侵害行為がされるおそれがある場合に、あらかじめ著作権侵害行為をしないことを求めるものです。著作権侵害行為がされる見込みでは足りず、客観的な事実から著作権侵害行為がされる蓋然性が高い（確実性の度合いが高い）場合に、侵害の予防請求が認められます。たとえば、他者の著作権を侵害する書籍の出版予定日が公表されている場合に、侵害の予防請求として、その書籍の出版の差止めを求めることが可能です。

③ 侵害の停止請求・予防請求に付随する請求

　侵害の停止請求・予防請求を行うのと同時に、著作権侵害行為に使用される機械の廃棄や、著作権侵害行為により制作された著作物の廃棄などを求めることができます。侵害の停止請求・予防請求が認められたとしても、著作権侵害行為をするのに必要な機械や、すでに制作された著作権侵害品を、侵害者が保有したままであれば、それをきっかけに著作権侵害行為が可能になるからです。

第5章 ● 著作権の制限と著作権侵害・対抗手段　　165

損害賠償請求

　著作権侵害行為がある場合、著作権者は、おもに財産的な損害を被ります。たとえば、他人が無許諾で小説を書籍化して販売するという著作権侵害行為が行われた場合、著作権者が得られるはずの利益を他人が不当に得ることになります。そこで、著作権侵害行為を受けた著作権者は、民法が規定する不法行為（人の権利や利益を侵害する行為）に基づく**損害賠償請求**をすることができます。

・損害賠償請求の要件

　著作権侵害行為による損害賠償請求が認められるためには、①侵害者の故意または過失による、②著作権侵害行為があり、③その著作権侵害行為によって、④著作権者に損害が発生したことが必要です。

① **侵害者の故意または過失**

　侵害者が他人の著作権を侵害することを知り、著作権侵害行為をした場合は、侵害者の故意を認めることができます。これに対し、侵害者に過失がある場合とは、著作権を侵害する結果を予測可能であるにもかかわらず、それを回避するための必要な措置をとらなかったことをさします。

② **著作権侵害行為**

　複製権や翻案権をはじめとする著作権を侵害する行為が存在することが必要です。

③ **著作権侵害行為によって**

　侵害者による著作権侵害行為と著作権者に生じた損害の発生との間に、原因と結果の関係（因果関係）があることが必要です。

④ **損害の発生**

　損害賠償は金銭支払いによる補てんですが、著作権者に発生した損害の額を厳密に算定するのは、実際には困難です。著作権侵害行為がなかった場合、著作権者が著作権による経済的利益をどの程度受け取ることができたのか、正確に算定ができないためです。そのため、著

作権法では、損害額の計算を容易にするための規定を設けています。

　具体的には、侵害者が著作権侵害品を売却するなど、譲渡によって利益を得ている場合は、その利益額が損害額と推定されます。これに対し、侵害者が譲渡によって利益を得ていない場合は、「著作権侵害品の譲渡数量×著作権侵害品がなければ著作物の譲渡によって得られたであろう1つあたりの利益額」を損害額とすることができます。

　その他、著作物の使用料相当額を損害額とすることも可能です。この点について、2018年12月30日発効のTPP11協定にともなう著作権法改正により、問題になっている著作権の管理を著作権等管理事業者が担当している場合は、その事業者が定める使用料相当額を損害額とすることができる規定が置かれました。

不当利得返還請求

　侵害者は、著作権者の許諾を得て対価を支払うことをせず、複製権の侵害などをすることで、本来は受け取ることのできない経済的利益を得ています。そこで、著作権者は、法律上の原因なく他人の財産権により不当な利益を受けた侵害者に対し、民法上の不当利得返還請求権を行使し、損失の補てんを求めることができます。不当利得返還請求の場合、侵害者の故意または過失は不要ですが、侵害者が不当に得た利益額を具体的に立証することが必要とされています。

名誉回復のための措置

　侵害者の行為が公表権などの著作者人格権を侵害する場合は、損害賠償請求に代えて、あるいは損害賠償請求とあわせて、著作者の名誉回復のための措置を求めることができます。たとえば、新聞や雑誌に謝罪記事・謝罪広告を掲載するよう請求することが挙げられます。

第5章 ● 著作権の制限と著作権侵害・対抗手段　　**167**

9 著作権侵害と刑事罰

どんな刑罰が科されるのか

犯罪にあたる著作権侵害行為と、その行為に適用される刑事罰は、おもに以下のとおりです。

① 著作権などの侵害行為に対する刑事罰の原則

著作権、著作隣接権、出版権の侵害行為に対しては、原則として10年以下の懲役または1,000万円以下の罰金が科されます。両者を同時に科すること（併科）も可能です。また、著作者人格権、実演者人格権の侵害行為に対しては、5年以下の懲役または500万円以下の罰金が科されます。この場合も併科が可能です。

② 私的使用目的による違法ダウンロード

私的使用の目的をもって、録音・録画された著作物など（楽曲や映画など）が無断でWebサイトにアップロードされていることや、元の著作物などが有償であることを知りながら、そのWebサイトから録音・録画された著作物などをダウンロードすると、2年以下の懲役または200万円以下の罰金が科せられます（両者の併科も可能）。いわゆる違法ダウンロードにあたる行為について、私的使用の目的にとどまる場合に、原則よりも軽い刑事罰を科するものです。

③ 自動複製機器を使用させる行為

営利を目的として、他人にコピー機など自動複製機器を使用させ、著作物の無断複製などを行わせた場合は、5年以下の懲役または500万円以下の罰金が科されます（両者の併科も可能）。

④ 技術的保護手段の回避装置などの譲渡行為

技術的保護手段の回避装置とは、おもに著作物のコピー制限を除去する機能を備えた装置のことです。このような装置を広く人々に向け

● 著作権侵害行為の一部非親告罪化

【原則】著作権侵害行為に対する刑罰は親告罪

（例）複製権の侵害

【例外】非親告罪となる著作権侵害行為

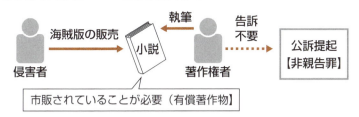

て譲渡した場合は、3年以下の懲役または300万円以下の罰金が科されます（両者の併科も可能）。さらに、2018年12月30日に発効したTPP11協定発効にともなう著作権法改正により、著作物のアクセスコントロール（利用制限）を除去する装置を広く人々に向けて譲渡する行為にも、同じ刑事罰が科せられることになりました。

非親告罪化された犯罪

著作権法が規定する刑事罰は**親告罪**が原則です。そのため、著作権者などの権利者が告訴（公訴提起を望むとの意思表示）をした場合に限り、検察官が公訴提起を行います。しかし、2018年12月30日発効のTPP11協定にともなう著作権法改正で、一部の著作権侵害行為が非親告罪になり、告訴がなくても公訴提起が可能になりました。

具体的には、対価を得る目的または著作権者の利益を侵害する目的で、有償著作物を原作のまま譲渡・公衆送信・複製し、著作権者が得るはずの利益を不当に侵害する行為が非親告罪化されました。

> **Q** インターネットを検索していて、自分が掲載したブログの記事を丸ごと転載したブログの記事を発見した場合、どのように対応したらよいのでしょうか。

　著作権を侵害する事実に関する情報を集めて、記事の削除交渉や法的措置などを行うことになります。

　ブログの記事は著作物にあたりますので、許諾を得ずに転載をする行為は著作権侵害（複製権と公衆送信権の侵害）にあたります。

　このような著作権侵害行為を発見した場合は、まず、著作権を侵害している証拠を確保することが必要です。とくにインターネット上の記事は、紙媒体のように固定されていないため、次回見たときは削除されているなど、証拠を確保することができなくなることも少なくありません。そのため、スクリーンショットなどを活用し、著作権侵害にあたる記事の内容を保存しておくことが重要です。後からトラブルになった場合に備えて、著作権を侵害する記事が自己の記事に依拠して作成されたことを明らかにするため、自分の記事が先に公開されており、侵害者の記事が後から公開されていること、つまり記事の前後関係を明確にすることがポイントです。

　その上で、自己の記事を転載した記事の制作者など、ブログの管理者に対し、著作権侵害行為にあたることや、記事の削除などの適切な措置をとることを求める交渉を行うことになります。

　意図的に他人の記事を無断で転載している悪質なブログの管理者は、削除交渉に応じないことも考えられます。しかし、意図せずに他人の記事を転載している場合には迅速に対応してもらえるかもしれません。

　記事の削除交渉を試みたものの、適切な措置をとらないブログの管理者に対しては、法的措置が必要になります。具体的には、記事の掲

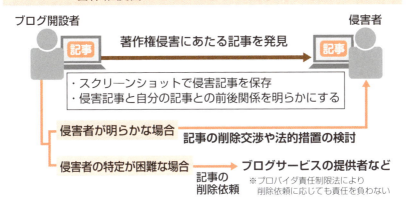

載の差止請求や損害賠償請求を検討することになります。

　これに対し、自分の記事が無断でブログに転載されている事実を発見したものの、ブログの管理者の所在が不明である場合も少なくありません。

　そのような場合は、ブログサービスの運営者に対し、記事の削除や公開の停止を求めることが考えられます。これを送信防止措置といいます。ブログサービスの運営者の問い合わせフォームなどから、送信防止措置を求めるとよいでしょう。ブログ記事に関しては、プロバイダ責任制限法により、ブログサービスの運営者が著作権侵害にあたる記事について送信防止措置を行っても、ブログの制作者から法的な責任を問われることはありません。

　もっとも、ブログサービスの運営者は利用規約を定めており、利用規約違反の記事は削除されることについて、あらかじめブログの制作者は同意しています。通常であれば、利用規約違反の中に著作権侵害行為が含まれているため、利用規約違反を理由として、ブログサービスの運営者に記事の削除などを求めることも可能でしょう。

Q WEB 上で著作権侵害を発見した際、プロバイダなどに通報して記事や投稿の削除依頼を求める手続きを教えてください。発信者情報開示請求はどのような場合に認められるのでしょうか。

A 送信防止依頼書などにより記事や投稿の削除依頼ができます。悪質な著作権侵害の場合は、発信者情報開示請求が認められる可能性があります。

　ブログ記事や Twitter・Facebook などの SNS 上で、自分の著作物が無断で転載されるなどの著作権侵害行為がある場合、著作権者は、ブログサービスの運営者や SNS の運営者（Twitter 社・Facebook 社など）に対し、著作権侵害にあたる記事や投稿の削除（送信防止措置）を依頼することができます。そして、依頼を受けた運営者が、他人のブログの記事や SNS の投稿が著作権侵害行為にあたると判断した場合は、記事や投稿の削除（または公開停止）の措置が行われます。

　記事や投稿の削除依頼をする手段として、プロバイダ責任制限法に基づく送信防止依頼書を郵送する方法があります。送信防止依頼書において重要なのは、運営者が記事や投稿の削除が必要と判断するのに十分な情報を提供することです。プロバイダ責任制限法により、ブログや SNS の運営者は、送信防止依頼書に基づき、権利侵害にあたると判断するのに相当の理由がある記事や投稿を削除しても、その発信者との間で損害賠償請求などの責任を免れることができます。

　以上から、ブログや SNS の運営者は、プロバイダ責任制限法の保護を受けるため、著作権侵害行為に関する客観的な事実の提供を求めています。そこで、削除依頼をする場合は、以下の内容について、送信防止依頼書に記載する必要があります。

　まず、著作権者の氏名・住所・連絡先を記載します。実印の押印と

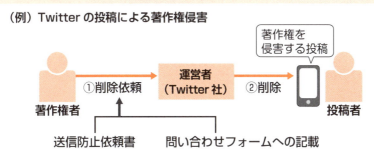

印鑑証明書の添付が必要な場合もあります。著作権侵害を主張する人が匿名の場合、原則として運営者は削除依頼に応じません。

次に、削除依頼の対象であるブログの記事やSNSの投稿が掲載されているURLや、その記事や投稿の内容を記載します。

さらに、削除依頼の対象である記事や投稿が、著作権侵害にあたるとする理由を記載します。このとき、記事や投稿について、著作権者である自分が許諾していないことを明記します。

現在は、送信防止依頼書の郵送ではなく、前述したように、運営者が問い合わせフォームを設けていることが多くなっています。この場合は、フォームで要求されている内容を記載することで、記事や投稿の削除を依頼することができます。

しかし、ブログの記事やSNSの投稿が削除されても、なお著作権者が被害を受けている場合があります。たとえば、インターネット上のさまざまな媒体を通じて、すでに自己の著作物の内容が広く知れ渡ってしまっている場合です。著作権者としては、記事や投稿を作成した発信者に対し、直接損害賠償を請求したいところですが、そのためには発信者に関する正確な情報が必要です。この場合は、プロバイダ責任制限法に基づき、ブログやSNSの運営者に対し、発信者情報開示請求を行うことになります。

10 トラブル解決の手段

著作権をめぐるトラブルを解決するために

著作権をめぐってトラブルが生じた場合、当事者の話し合いにより解決できれば、それがもっとも簡易であるといえます。しかし、当事者の話し合いによる解決には限界があります。そこで、訴訟などの法的手続きが必要になった場合に備え、法的紛争の解決をおもな職務とする弁護士に相談するのが適切です。「弁護士は敷居が高い」と思っている場合には、まずは弁護士会や市区町村などが主催する法律相談を利用し、弁護士にアクセスしてみるとよいでしょう。

ただし、それぞれの弁護士が得意とする分野は異なっています。とくに著作権をはじめとする知的財産権に関する分野を得意とする弁護士は、必ずしも多くありません。事前に知的財産権の分野について多くの事件を手がけている弁護士を調べた上で相談するのが、もっとも確実な方法だといえるでしょう。

内容証明郵便の利用

著作権侵害などの行為があっても、直ちに訴訟を提起するケースは多くありません。まずは著作権侵害などの事実があること、著作権侵害などの停止を求めることを、侵害者に伝える必要があります。

容易な伝達手段は、侵害者への手紙の送付やメールの送信です。しかし、実際は届いているにもかかわらず、侵害者から「手紙やメールを受け取った覚えはない」と主張されてしまうと、確実に手紙やメールが届いたことを証明するのは難しくなります。

このような主張を封じるためには、内容証明郵便を利用するのが適切です。内容証明郵便を利用すると、日本郵便（郵便局）によって、

● おもなトラブル解決の手段 ……………………………………

	手続きの名称など	おもな内容
相談	弁護士会などに対する相談	トラブル解決のためのアドバイス
裁判所を利用した解決手段	訴訟	裁判所が下す判決による解決
	民事調停	調停委員が解決案を提示
裁判所以外の機関を利用した解決手段	紛争解決あっせん制度	あっせん委員による当事者の意見の調整
	日本知的財産仲裁センター（調停・仲裁）	調停人による解決案の提示 仲裁人による判断による解決

特定の相手に郵便を送った事実や、その郵便の内容について証明してもらうことができます。内容証明郵便に著作権侵害の事実や著作権侵害の停止を求める内容を記載することで、訴訟などに発展した場合であっても、証拠として利用することができます。

裁判所の手続きを利用する場合

　著作権をめぐるトラブルについては、裁判所が設けている訴訟の手続きを利用することができます。しかし、判決が下されるまで相応の時間や費用がかかります。そこで、訴訟に至る前に民事調停の手続きを利用することができます。

　民事調停は、一般市民から選ばれた調停委員2名以上が、当事者の意見を聴き、解決案を提示することによって紛争解決へと導く手続きです。ただし、解決案に従う義務がないため、当事者が解決案に従わない場合は民事調停が不調に終わります。民事調停が不調に終わった場合は、いよいよ訴訟を提起することになります。比較的長期間にわたる審理を経て勝訴判決を得ると、とくに侵害者が損害賠償請求に応じない場合は、強制執行の手続きをとることも可能になります。

　なお、少額訴訟の手続きを利用することができる場合は、これを利

第5章 ● 著作権の制限と著作権侵害・対抗手段　　175

用して紛争の早期解決をめざすことが可能です。少額訴訟とは、損害賠償請求をする金額など、訴訟の目的である金額（訴額）が60万円以下の事件について利用することができる簡易裁判所の手続きです。原則として1回の期日で審理・判決まで終了するため、利用者の負担が極めて小さい訴訟の手続きだといえます。

　その他、著作権などの知的財産権をめぐる訴訟の手続きは、事件を取り扱う裁判所に注意が必要です。通常の訴訟の手続きは、被告の所在地にある地方裁判所（訴額が140万円以下の場合は簡易裁判所）が第1審を担当します。しかし、訴訟の対象である著作物がプログラムの著作物である場合は、第1審を担当するのが東京地方裁判所または大阪地方裁判所に限られる点に注意が必要です。

　また、第1審の判決に不服がある場合は控訴が可能ですが、プログラムの著作物に関する訴訟の判決または著作権に関する東京地方裁判所の判決を不服として控訴した場合は、東京高等裁判所と同じ場所にある知的財産高等裁判所が第2審を担当することになります。

▌裁判所以外の機関の手続きを利用する場合

　裁判所以外の機関として、文化庁の紛争解決あっせん制度を利用することができます。この制度は、①著作権侵害の有無、②著作権の帰属に関する争い、③著作権をめぐるライセンスなどの契約に関するトラブル、④著作権侵害に対する損害賠償額に関する争いについて、当事者が合意に至ることをめざし、あっせん委員が当事者の意見を調整する役割を担います。審理期間は約半年です。あっせん委員は、著作権に関する学識経験者3名から構成されます。

　また、日本知的財産仲裁センターによる調停や仲裁の手続きを利用することもできます。調停は、裁判所の民事調停と同じく、調停人が解決案を示しますが、当事者は解決案に従う義務がありません。これに対し、仲裁は、当事者が仲裁人の判断に従う前提の下で、弁護士や

書式 著作権侵害に対する警告書サンプル ·····················

著作権侵害に対する警告書

①著作権侵害の停止を求める内容であることを明示する

　○○○○年○○月○○日以降、貴殿が開設されているブログに、「○○○○」と題する文章および写真が使用されていることが判明いたしました。同文書および写真は、私の著作物であり、著作権は私に帰属しております。

　私は、貴殿に同文書および写真の使用を許諾しておりませんので、貴殿が同文書および写真をブログで使用する行為は、著作権侵害に該当します。

　つきましては、直ちに、貴殿が開設されているブログから同文書および写真の掲載を削除していただくよう請求致します。

　なお、本書面到達後○日以内に、削除して頂けない場合には、法的措置をとらせて頂きます。

②本文に記載すべき事項
・著作権侵害の事実
・著作権侵害状態の解消を求めること

○○○○年○月○日

　　　　　　　　　○○県○○市○○区○○条○丁目○番○号
　　　　　　　　　　　　　○○○○　　㊞

○○県○○市○○区○○条○丁目○番○号
　　　　　　　　　○○○○　殿

③最後に著作権侵害者の氏名などを明記する

弁理士などから選任された3名の仲裁人が判断をすることによって、トラブルの解決をめざす制度です。仲裁人の判断に対しては、原則として当事者が不服を申し立てることができません。

第5章 ● 著作権の制限と著作権侵害・対抗手段　　177

Column

著作権侵害をしているといわれたらどうする？

　たとえば、ホームページを制作していて、そこに掲載している写真が著作権侵害であるといわれたとします。このとき、直ちに裁判所に呼び出されるケースはまずありません。最初は、著作権侵害であると主張する相手からクレームを受けるのが通常です。掲載している写真が著作権侵害にあたるのであれば、使用許諾を得られるよう交渉することが考えられます。しかし、自分が撮影した写真であって、著作権侵害でないと考えるときは、著作権侵害でないと主張し、相手を納得させる必要があります。

　話し合いで納得させることができない場合は、著作権侵害を主張する側が、裁判所に訴訟を提起する可能性があります。著作権者は、著作権侵害行為がある場合、損害賠償請求、差止請求などをすることができるからです。この場合、訴訟で主張されている請求に応じた対応が求められます。ただ、どのような請求であるとしても、著作権侵害にあたるかどうかの判断がポイントです。著作権侵害の判断においては、著作物にあたるかどうかの判断や、著作物への依拠性、著作物との類似性の判断などが必要となります。これらについては、専門家でなければ判断が難しいといえます。著作権者から著作権侵害の主張を受けた場合は、著作権の専門家への相談が推奨されます。

　著作権侵害に対しては、刑事罰が科されることもあります。著作権侵害は親告罪が原則です。とくに著作権侵害を理由に身柄を拘束（逮捕または勾留）された場合や、書類送検が行われた場合は、告訴取下げのための示談交渉や、刑事訴訟の準備など、早急の対応が必要であるため、弁護士に相談して対応を図る必要があるでしょう。

第6章
著作権登録と管理

1 著作権登録制度

なぜ登録制度が必要なのか

　著作権は、著作物の制作と同時に発生するため、登録などの特別な手続きは不要です（無方式主義）。文化の発展に貢献する著作物について、煩雑な手続きを省略することで、新たな著作物が生み出されることへの支障を最低限に抑える目的があります。とくに著作権者にとっては便利なしくみになっていますが、かえって問題が発生する場合があります。そこで、著作権をめぐって生じる可能性がある問題に対して解決の基準を与えるため、著作権の登録制度が用意されています。具体的には、文化庁に対して登録申請などの必要な手続きを行うことで、制作した著作物の登録を行うことができます。

　著作権の登録制度が設けられたおもな目的として、①著作権に関する法的な事実関係を明らかにすることと、②著作権が譲渡された場合の取引関係を明らかにすることが挙げられます。

①　法的な事実関係の明示

　たとえば、Aが執筆した小説について、Bが「自分の著作権を侵害している」と主張したとします。この場合、Aが著作権を侵害したか否かを判断する基準として、AがBの小説に接触することができたかどうか（依拠性）が重要な要素のひとつになります。

　たとえば、Bの小説が執筆されたのが先で、Aの小説がその後に執筆された場合には、AはBの小説を実際に読んだ後に、自身の小説を執筆することが可能です。反対に、Bが小説を執筆したのが、Aが小説を執筆した後である場合には、時系列的にAがBの小説を読んだ上で、自身の小説を執筆することは不可能です。

　このように、著作物を制作した日時が正確に判明することで、著作

● 著作権登録制度

おもな登録手続き	登録内容など
実名の登録	ペンネームなどを用いた著作物の実名を登録可能 ※保護期間が公表後 70 年間ではなく、著作者の 　死後 70 年間になる
第一発行年月日ま たは第一公表年月 日の登録	登録した日が発行・公表した日時と推定される
プログラムの著作 物の創作年月日の 登録	登録した日が創作した日時と推定される ※創作後 6 か月以内の登録が必要
著作権の移転など に関する登録	登録した日時が著作権の移転や質権設定などの 日時と推定される

権侵害の有無を判断することができます。

　そこで、著作権登録制度では、制作した著作物について初めての発行・公表の年月日（第一発行年月日・第一公表年月日）を登録することができます。前述の例で A が執筆した著作物について、第一発行年月日が「2018 年 10 月 15 日」と登録されており、B が小説を執筆したのが 2018 年 12 月 15 日であった場合、A は B の執筆した小説に接触していない（依拠性がない）ことが明らかになります。

②　取引関係の明示

　著作権は、他の財産権と同様に、売却するなど取引の対象にすることができます。たとえば、C が自ら制作した美術品の著作権を、2018 年 11 月 1 日、D に対し 1,000 万円で売却したとします。しかし、C が同じ美術品の著作権を、2018 年 12 月 1 日、E に対し 1,500 万円で売却していた場合、D は E に対し、自分が著作権を譲り受けたことを主張できるのかが問題になります。

　著作権の登録制度においては、著作権に関する権利の変動を登録することが可能です。この登録により、前述の例のように、同一の著作

権が複数の人に譲渡された場合、どの譲受人が自分に著作権が移転したことを主張できるのかという問題に対し、登録の前後関係によって解決するしくみが採用されています。

したがって、前述の例で、先に美術品の著作権を譲り受けたDが登録を済ませている場合は、DがEに対し著作権の移転を主張することができます。反対に、DがCから著作権を譲り受けた後も登録を済ませていない場合は、先にEが登録を済ませてしまうと、Dに対する著作権の譲渡が先であるとしても、DはEに対し著作権の移転を主張することができません。

どんなものが登録できるのか

著作権法では、おもに以下の事柄について、著作権登録が可能であることを規定しています。

① 実名の登録

実名の登録とは、著作者の実名を登録することをいいます。著作物を公表するときは、著作者の実名でなく、ペンネームなど（変名）を用いることができます。しかし、ペンネームなどを使った著作物は、著作者を特定することが困難であるため、著作権の保護期間が「公表後70年間」であるのに対して、著作者が特定されている場合は「著作者の死後70年間」であり、大きな期間の開きがあります。

そこで、ペンネームなどを用いて公表した著作物について実名を登録することで、「著作者の死後70年間」まで著作権の保護期間が保障されることになります。

② 第一発行年月日・第一公表年月日

第一発行年月日とは、著作権者が著作物を制作した日について登録を行うことをいいます。これに対し、第一公表年月日とは、ペンネームなどを用いて著作物を制作した人が、著作物を公表した日を登録することをいいます。前述のAB間の紛争に関する事例のように、著作

権侵害の有無が争われた場合、第一発行年月日・第一公表年月日を登録しておくことで、紛争解決の指標にすることが可能です。

③ **プログラムの著作物に関する創作年月日の登録**

創作年月日の登録とは、プログラムの著作物を創作した年月日を登録することをいいます。プログラムの著作物は、他の著作物とは異なり、公表していないプログラムの著作物も登録を受けることができます。この場合の登録は、文化庁ではなく、ソフトウェア情報センターに登録の申請を行います。なお、創作後6か月以内に登録しなければならないという登録期間の制限があるため注意が必要です。

④ **著作権の移転などに関する登録**

著作権の移転などに関する登録とは、著作権などが移転した事実に関する登録をいいます。前述の DE 間の紛争に関する事例のように、同一の著作権が複数の人に譲渡された場合、登録を受けた人は、著作権が移転した事実を第三者に主張することができます。

また、著作権については、動産や不動産などと同様に、質権を設定することができます。著作権に関する質権の設定・移転・変更・消滅などに関しても登録を行うことができます。たとえば、著作権に設定した質権について、質権を取得した人は、登録後でなければ、第三者に対し質権を主張することができません。

登録できないものもある

著作権の登録制度を利用する場合、注意しなければならない点があります。それは、プログラムの著作物を除いて、著作権に関する各種の登録を行うためには、対象になる著作物が公表されている必要があるということです。公表前の著作物について、あらかじめ登録を行うことはできません。また、著作権の移転などに関する登録を行う場合も、実際に移転などをした後でなければ登録ができません。

第6章 ● 著作権登録と管理　　183

2 出版権

出版権とは

　現代は多数のメディアが存在します。テレビ放送は多チャンネル化が進んでおり、インターネット上ではさまざまな情報が容易に手に入ります。もっとも、これほどのメディアが存在しなかった時代、書籍による大衆への影響力は大きいものでした。現在でも、書籍はメディアのひとつとしての影響力を持ち続けています。

　そして、文書や図画を印刷・製本して世の中へ送り出す、という書籍の制作過程の中で、出版社は重要な役割を果たしています。著作権法では、この出版社の役割を念頭に置いた出版権を保障しています。

　出版権には存続期間があります。存続期間は出版権の設定時に定めることができますが、明確に定めなかった場合は、設定後最初の出版があった日から3年を経過した時に出版権が消滅します。

出版権者の権利や義務

　出版権は、出版社などの出版を引き受ける人（出版権者）が、複製権や公衆送信権を持っている著作権者との間で、出版権設定契約を締結することよって設定することができます。

　出版権者は、出版権の対象である著作物を頒布する目的をもって、①機械的・化学的方法により文書・図画として複製する権利、②記録媒体に電磁的記録として複製する権利、③記録媒体に記録された複製物を用いて公衆送信を行う権利を独占しています。

　そのため、出版権者の許諾がないのに、出版権の対象である著作物について①～③の行為をするのは、たとえ著作者や著作権者であっても出版権の侵害となります。

● **出版権**

（例）小説の出版

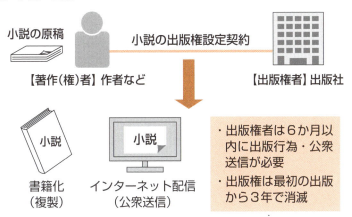

一方、出版権者は、出版権の設定により著作権者に対して義務を負います。具体的には、出版権者は、複製や公衆送信に必要な原稿などの提供を受けた日から6か月以内に出版行為や公衆送信を行い、その後も慣行に従い継続して出版行為や公衆送信を行わなければなりません。ただし、出版権の設定時に異なる内容を定めている場合は、それに従うことになります。

電子書籍は一般の書籍（紙）とどう違うのか

近年は書籍のあり方が大きく変化しています。とくに漫画を中心としてスマートフォンやタブレットなどで読むことができる電子書籍が普及しています。電子書籍は、スマートフォンやタブレットの画面に文書・図画が表示される形にして、著作物を頒布するものです。

かつては電子書籍による著作物の頒布について出版権の設定ができませんでしたが、現在では出版権の設定が可能です。前述の「③記録媒体に記録された複製物を用いて公衆送信を行う権利」が電子書籍による著作物の頒布に関する出版権の設定にあたります。

3 著作権を保護するための団体

なぜ著作権保護のための保護団体が必要なのか

　たとえば、コンサートにおいて、A楽曲、B楽曲、C楽曲を演奏することにしたとします。この場合、コンサートの前に、それぞれの作曲家に連絡し、使用許諾や使用料に関する手続きをとらなければなりません。しかし、知り合いでもない限り、作曲家と簡単に連絡を取ることはできません。作曲家と連絡を取ることができても、「楽曲の著作権は譲渡した」と言われてしまうと、さらに手続きは煩雑となります。これに対し、作曲家の側としても、自らの楽曲が使用されるたびに個人的に交渉するのは煩雑だといえるでしょう。

　そこで、著作権保護のための管理団体が設立されています。

著作権管理団体と著作隣接権管理団体がある

　著作権法は著作権と著作隣接権を保障しています。そこで、管理団体にも著作権管理団体と著作隣接権管理団体があります。

　著作権管理団体は、文化庁長官の登録を受け、著作権について管理事務を行う団体です。日本音楽著作権協会（JASRAC）、日本文藝家協会、日本美術著作権協会（JASPAR）などがあります。

　著作隣接権管理団体は、文化庁長官の登録を受け、著作隣接権について管理事務を行う団体です。実演家著作隣接権センター（CPRA）、日本レコード協会（RIAJ）、日本放送協会（NHK）、日本民間放送連盟（JBA）などがあります。

　その他、出版権の管理事務を行う団体もあります。出版者著作権管理機構（JCOPY）がこれにあたります。

● 著作権を保護するための団体

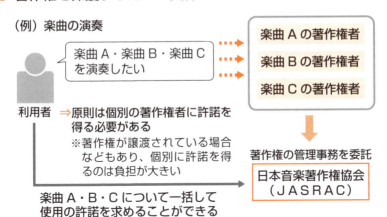

どんなことをしているのか

　著作権等管理団体は、管理委託契約約款を定め、文化庁長官へ届出をすることが必要です。そして、届出をした管理委託契約約款をもとに、著作権者などの権利者との間で管理委託契約を締結します。著作権等管理団体は、契約を締結する際に、管理委託契約約款の内容を説明しなければなりません。著作権などの管理は、権利者にとって利便性が向上するものですが、著作権などの大きな制約になる可能性もあわせもっているからです。

　さらに、著作権等管理団体は、使用料規程を定め、文化庁長官へ届出をすることも必要です。利用者にとって使用料は重要な事項であるため、使用料規程について利用者と協議をすることが求められています。また、使用料規程の届出をしても、文化庁長官が受理してから30日を経過するまで、その使用料規程の実施はできません。文化庁長官が使用料規程が円滑な利用を阻害するものかを判断する期間です。

　以上のような規定に従い、著作権等管理団体は、著作物の適正な利用を管理しています。

4 著作権保護のための さまざまな制度

文化庁の著作権契約書作成支援システム

　文化庁のホームページに著作権契約書作成支援システムが公開されています。著作権契約書作成支援システムは、容易に著作権などに関する契約書を作成できるシステムです。なぜ、このようなシステムを文化庁が提供しているのでしょうか。

　著作物の利用にあたって、著作権者と利用者との間で契約が締結されることがあります。しかし、口頭のみで契約が締結され、後から著作物の取扱いについて紛争に発展することがあります。

　現在はデジタル技術の進化により、著作物の利用方法が多様化しています。たとえば、作成した楽曲を演奏・撮影し、ブログや SNS などを通じて配信するなど、インターネットを活用した著作物の利用が多くなっています。そこで、容易な契約書作成のため、文化庁が著作権などに関する契約書のひな型を提供しています。

　著作権契約書作成支援システムは、契約書作成にあたり、どのような種類の契約書であるかを選択し、その選択に応じて必要事項を入力します。たとえば、原稿の執筆に関する契約書を選択した場合、原稿のテーマ、依頼者、執筆者などの必要な情報を入力するだけで、契約書が作成されます。

　ただし、ここで作成される契約書は、あくまで草案です。同じ原稿の執筆であっても、当事者やテーマが異なれば、契約書の内容も異なります。そのため、作成された草案を土台にして、当事者間で必要事項を修正して著作権契約書を完成させます。

● クリエイティブ・コモンズ・ライセンス（CCライセンス）

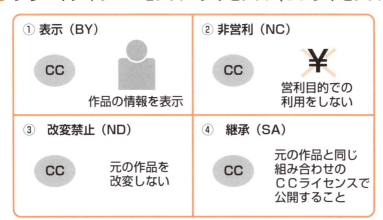

自由利用マーク

　自由利用マークとは、著作物を制作した著作者が、自らの著作物を他人に自由に使ってもらってよいと考える場合に、その意向を示すためのマークです。自由利用マークは文化庁が提供しています。自由利用マークをつけると、その撤回が困難になる点には注意が必要です。
　自由利用マークには、以下の3つの種類があります。
① 「プリントアウト・コピー・無料配布」OKマーク
　プリントアウト・コピー・無料配布のみを認めるマークです。改変や加工など、著作物の内容を変更することは認められません。
② 「障害者のための非営利目的利用」OKマーク
　障害者が非営利目的で著作物を利用する場合に限り、あらゆる利用を認めるマークです。
③ 「学校教育のための非営利目的利用」OKマーク
　学校教育活動において非営利目的で著作物を利用する場合に限り、あらゆる利用を認めるマークです。

クリエイティブ・コモンズ・ライセンスとは

　自由利用マークは、あまり普及していません。その原因のひとつとして、クリエイティブ・コモンズ・ライセンス（以下、CC ライセンス）の存在があります。

　CC ライセンスは、作品を公開する作者が「この条件を守れば私の作品を自由に使ってかまいません」という意思表示をするためのツールです。著作物にマークをつけ、情報を提供する点では、自由利用マークと同じです。では、どうして自由利用マークよりも CC ライセンスは多く利用されているのでしょうか。

　その最大の理由が、CC ライセンスは世界 50 を超える国や地域のプロジェクトチームが連携して活用している点にあります。インターネットの普及により、自分の作成した著作物が、さまざまな地域で利用されていることも起こり得ます。このような現状の下では、さまざまな国や地域で活用されているマークの方が、権利者によっても利用者によっても採用しやすいものといえるでしょう。

　著作権は、多くの人にとって関わりが深い権利ですが、その内容は法律に詳しくなければ理解が難しいものです。CC ライセンスは、コモンズ証と利用許諾を用意しています。コモンズ証は、法律に詳しくない人がライセンスのおもな内容を理解できる説明文となっています。これに対し、利用許諾は、法律の専門家が読むために法的に記述されたものです。これらが表裏一体の関係で整備されているため、法律の知識の有無に関係なく CC ライセンスを採用しやすくなります。

　また、CC ライセンスには、検索エンジンやプログラムが理解する方式のコードを付与することができます。そのため、利用者が著作物を正しく検索することができます。このように、CC ライセンスには採用されやすいしくみが整備されています。

クリエイティブ・コモンズ・ライセンスの種類

CC ライセンスは、表示（BY）、非営利（NC）、改変禁止（ND）、継承（SA）の利用条件を設けています。表示（BY）は、作品のクレジット（著作権者名や作品名）を表示することです。非営利（NC）は、営利目的での利用をしないことです。改変禁止（ND）は、元の作品を改変しないことです。継承（SA）は、元の作品と同じ組合せの CC ライセンスで公開することです。そして、CC ライセンスは、これらの利用条件の組合せで構成されており、以下の6種類があります。

① **表示（BY）**

利用者が、作品のクレジットを表示し、改変があった場合は、その事実を示さなければならないことを意味します。

② **表示－継承（BY-SA）**

利用者が、作品のクレジットを表示し、改変した場合は、元の作品と同じ組合せの CC ライセンスで公開することを意味します。

③ **表示－改変禁止（BY-ND）**

利用者が、作品のクレジットを表示し、かつ、元の作品の改変をしないことを意味します。

④ **表示－非営利（BY-NC）**

利用者が、作品のクレジットを表示し、かつ、非営利目的であれば改変や再配布ができることを意味します。

⑤ **表示－非営利－継承（BY-NC-SA）**

利用者が、作品のクレジットを表示し、かつ、非営利目的であれば改変や再配布が可能であるが、改変した場合は、元の作品と同じ CC ライセンスで公開することを意味します。

⑥ **表示－非営利－改変禁止（BY-NC-ND）**

利用者が、作品のクレジットを表示し、かつ、非営利目的での再配布は可能であるが、元の作品の改変はできないことを意味します。

ネット時代の基礎知識！
著作権法のしくみ

2019 年 6 月 7 日　第 1 刷発行

編　者　　デイリー法学選書編修委員会
発行者　　株式会社　三省堂　代表者　北口克彦
印刷者　　三省堂印刷株式会社
発行所　　株式会社　三省堂
　　　　　〒 101-8371　東京都千代田区神田三崎町二丁目 22 番 14 号
　　　　　電話　編集 (03) 3230-9411　　営業 (03) 3230-9412
　　　　　https://www.sanseido.co.jp/
〈DHS 著作権法・192pp.〉

©Sanseido Co., Ltd. 2019　　　　　　　　　Printed in Japan
落丁本・乱丁本はお取り替えいたします。

本書を無断で複写複製することは、著作権法上の例外を除き、禁じられています。
また、本書を請負業者等の第三者に依頼してスキャン等によってデジタル化する
ことは、たとえ個人や家庭内での利用であっても一切認められておりません。

ISBN978-4-385-32009-0